Thomas Achelis

Über Mythologie und Kultus von Hawaii

Thomas Achelis

Über Mythologie und Kultus von Hawaii

ISBN/EAN: 9783744618779

Hergestellt in Europa, USA, Kanada, Australien, Japan

Cover: Foto ©ninafisch / pixelio.de

Weitere Bücher finden Sie auf **www.hansebooks.com**

ÜBER

MYTHOLOGIE und CULTUS

VON

HAWAII.

VON

Dr. THS. ACHELIS.

BRAUNSCHWEIG,
DRUCK UND VERLAG VON FRIEDRICH VIEWEG UND SOHN.
1895.

VORREDE.

Die vorliegende Unterfuchung ift aus dem Beftreben entftanden, die Aufmerkfamkeit der betheiligten Kreife auf eines der intereffanteften Gebiete religionswiffenfchaftlicher Forfchung zu lenken. Seitdem die vergleichende Sprachwiffenfchaft den Bann durchbrochen hat, in welchem uns bis dahin die einfeitige Bewunderung der claffischen Mythologie gefangen hielt, ift durch die Völkerkunde auch in diefer Beziehung der Blick in unermefsliche Weiten erschloffen worden. Nun ift es ja richtig (der Einwurf wird häufig erhoben), dafs uns bei den Naturvölkern meift nur ein lückenhaftes Material zur Verfügung steht; aber einerfeits werden die Acten durch die emfigen Sammlungen unferer Reifenden und Miffionare doch immer vollftändiger — und das gilt gerade von einem grofsen Theil der polynefischen Infelwelt, und ich denke dabei z. B. an die grofsen englifchen Werke von Gill, Grey bis Curr hinab — und anderfeits werden durch die immer ftricteren Analogien manche Dunkelheiten und Unklarheiten befeitigt. Aber um einen Ueberblick über das Ganze zu gewinnen, bedarf es in erfter Linie natürlich einer detaillirten Entwickelung einzelner felbftändiger Mythologien, und da ift ohne allen Zweifel Hawaii eine der ergiebigften Fundgruben. Von diefem Anfatzpunkt aus läfst fich dann allmählich der anderweitige Beftand des Archipelagus, alfo vor Allem Samoa, Mangaia u. a., in den Bereich einer folchen vergleichenden Betrachtung ziehen, um die Entfaltung des religiöfen Bewufstfeins auf ftreng inductiver Grundlage verfolgen zu können. Infofern wird hoffentlich diefe Anregung nicht vergeblich fein.

Bremen, im Februar 1895.

Der Verfaffer.

INHALTSVERZEICHNISS.

	Seite
Einleitung	1
I. Kosmogonie	3
II. Theogonie	15
III. Seelenlehre	43
Anhang, religiöfe und fociale Verhältniffe	51
Anmerkungen	67

Ueber Mythologie und Cultus von Hawaii.

Die prophetifchen Worte Cook's, mit denen er zugleich zur eifrigen Erforfchung der neuentdeckten polynefifchen Infelwelt anfeuern wollte: »In so vast a field, there will be room to acquire fresh knowledge for centuries to come, coasts to survey, countries to explore, inhabitants to describe, and perhaps to render more happy«, haben fich in einer Weife erfüllt (natürlich von dem wohlgemeinten philanthropifchen Zufatz abgefehen), die er felbft nicht ahnen konnte. Durch die unermüdlichen Studien unferer Reifenden und Gelehrten, nicht zum wenigften auch durch die erfolgreichen Bemühungen der auf den verfchiedenen Punkten des Archipelagus auf längere Dauer anfäffigen Kaufleute und Beamten ift allmälig ein koftbarer Schatz mythologifcher, religiöfer und philofophifcher Ideen gefammelt, wie wir ihn in folcher Reichhaltigkeit kaum bei einem anderen Volke finden. Jedenfalls ift fchon diefe eine Thatfache allein hinreichend, den feiner Zeit bereits von Chamiffo lebhaft geäufserten Proteft nachdrücklich wieder aufzunehmen, den er gegen die landläufige, für den kraffen Uebermuth und Dünkel des gewöhnlichen Culturmenfchen fo recht charakteriftifche Bezeichnung der Naturvölker als Wilde richtete ("Reife um die Welt", Gef. Werke I, 119). Mit Rückficht auf eine Ueberlieferung der Maoris über die Schöpfung bemerkt Baftian mit Recht: »Was haben wir hier vor uns? Solche Frage wird fich beim Durchblicken diefes merkwürdigen Documentes fogleich hervordrängen. Ein philofophifches Product? Doch kannibalifcher Wilden? und dann orphifch-chaldäifche, buddhiftifch-vedifche Anklänge auf allen Seiten! Ift ein verkleideter Anaximander oder Pythagoras hierher gewandert, wenn nicht etwa Anaximenes, der Vorgänger der Spiritualiften, mit der Luft als Urftoff?« (»Heil. Sage der Polynef.«, S. 20). Es möchte fich deshalb wohl der Verfuch lohnen, diefe feltfame Schöpfung des mythologifchen Bewufstfeins genauer zu betrachten; es werden fich in der That ganz von felbft die unabweisbarften und weitreichendften Parallelen mit ähnlichen Gebilden anderer Völker einftellen, fo dafs wir dadurch vielleicht die erften Grundlinien für eine künftige vergleichende Mythologie auf ethnologifcher Bafis gewinnen, die wir in der vergleichenden Rechtswiffenfchaft ja fchon befitzen. Erft wenn diefe Structur der verfchiedenen mythologifchen Syfteme klar erkannt ift, kann von einer wirklich wiffenfchaftlichen, pfychologifchen Verarbeitung und Erfaffung des empirifchen Rohftoffes die Rede fein. Dadurch bedingt es fich auch, dafs wir das eigentliche Detail hier nicht behandeln können, vielmehr dafür auf die betreffenden Monographien verweifen müffen; auch das möge man bedenken, dafs wir natürlich nicht im Stande find, diefen Entwurf der hawaiifchen Mythologie (um diefe handelt es fich in erfter Linie) in lückenlofer Gefchloffenheit und Vollftändigkeit zu bieten — das verwehrt fchon die Unvollftändigkeit des Materiales —, aber den eigentlichen Grundgedanken der ganzen Weltanfchauung werden wir mit zweifellofer Sicherheit erkennen können. Der Stoff gliedert fich in drei Abtheilungen; zuerft werden wir uns mit der eigentlichen Kosmogonie zu befchäftigen haben, wie fie überall an den Anfang gerückt ift, mit den Anfichten über die Entftehung der Welt, der organifchen Wefen, des Menfchen u. f. w. Daran fchliefst fich unmittelbar die Theogonie, die Lehre von den Göttern und Heroen, und endlich als naturgemäfser Schlufs fügt fich daran die Pfychologie, die verfchiedenartigen Vorftellungen über das Verhältnifs des Körpers zur Seele, über ihre Präexiftenz und fpätere Fortdauer. Damit würde der eigentliche Beftand des mythologifchen Denkens erfchöpft fein und nur anhangsweife würden fich daran einige Bemerkungen über das Priefterkönigthum, über gewiffe religiöfe Fefte und Geheimbünde und ähnliche Dinge knüpfen.

I. Kosmogonie.

Um nicht unerquicklichen Mifsverftändniffen zu begegnen, ift es wohlgethan, von vornherein daran fich zu erinnern, dafs für den gefammten Charakter der polynefifchen mythologifchen Ideen der Begriff der organifchen Entftehung und Entfaltung, des Emporblühens, wie es meift heifst, maafsgebend ift; man mufs fich demnach weislich vor dem Irrthum hüten, dem manche Miffionare in Folge ihres einfeitig dogmatifchen Standpunktes unterlegen find, als ob man es hier mit dem (noch dazu logifch recht heiklen) Begriff der Schöpfung zu thun hätte. Ueberall viel mehr, wo fich in modernen Berichten derartige Anfchauungen und Andeutungen verrathen, kann man ficher fein, dafs es fich hier um eine Fälfchung handelt, obfchon eine bona fide unternommene, die aber nichtsdeftoweniger als eine folche rückhaltlos hinzuftellen ift [vgl. Baftian, Zur naturwiff. Behandlungsweife der Pfychologie, S. 205*)]. Um fofort einen concreten Anhalt zu haben, wird es vielleicht fich empfehlen, ftatt eines abftracten Schematismus mit einer Skizze des berühmten Tempelgedichtes zu beginnen, das Baftian auf feiner vorletzten Reife in Polynefien der Vergeffenheit entrifs und es für die Wiffenfchaft nutzbar machte, des Pule Heiau, das uns mit einem Schlage mitten in jene wunderbare Welt mythologifchen Sinnens und Träumens hineinführt. Indem wir felbftredend in Betreff des Details auf die Ueberfetzung und Erklärung, wie fie der Neftor der Ethnologie in Deutfchland in der »Heiligen Sage der Polynefier« (S. 105 ff. und S. 116 ff.) gegeben hat, verweifen, befchränken wir uns auf die Hervorhebung der wichtigften mythologifchen Ideen, die darin zum Ausdruck gelangen. Zunächft treffen wir auch hier auf die überall vorkommende Bafis, auf den fich immerfort wiederholenden Anfangspunkt mythologifchen Denkens, auf eine undurchdringliche, alles in ihrem Schoofse umfaffende Urnacht, in der Zeit und Raum noch nicht zu unterfcheiden find, ähnlich wie im Zeruana akarana des Zendavefta oder in den entfprechenden chaldäifchen, affyrifchen, phönikifchen und anderen Dichtungen[1]). Die Weltbildung, die fich nunmehr in dem Rollen der Urnächte vollzieht, ift aber ihrerfeits nur ein Abglanz früherer Geftaltungen, aus deren Trümmern fich eine neue

---

*) Vergl. dazu Baftian, Heil. Sage der Polynefier, S. 10, wo die abfichtliche Vernichtung aller Traditionen durch Miffionare conftatirt wird.

Entwickelung aufbaut. Das Proömium diefes dunklen Weihegefanges lautet nach der Ueberfetzung Baftian's fo:

»Hin dreht der Zeitumfchwung zum Ausgebrannten der Welt,
Zurück der Zeitumfchwung nach aufwärts wieder,
Noch fonnenlos die Zeit verhüllten Lichtes,
Und fchwankend nur im matten Mondgefchimmer,
Aus Makallii's nächtigem Wolkenfchleier
Durchzittert fchattenhaft das Grundbild künft'ger Welt.
Des Dunkels Beginn aus den Tiefen (Wurzeln) des Abgrunds,
Der Uranfang von Nacht in Nacht,
Von weiteften Fernen her, von weiteften Fernen her u. f. w.«

(Heil. Sage«, S. 70). Schon diefe wenigen Zeilen enthalten die mannigfachften mythologifchen Anfchauungen; in erfter Linie ift der buddhiftifche Begriff der Periode (Zeit- oder Weltumfchwung) wichtig, indem damit unter der Vorausfetzung der Ewigkeit der Materie nur eine neue Phafe der phyfikalifchen Entwickelung angedeutet wird, die in mehr oder minder organifchem Zufammenhange mit den früheren Weltfyftemen geftanden hat. Während noch Alles von finfterer Nacht bedeckt ift, beginnt fich doch fchon eine gewiffe, wenn auch undeutliche Strahlenbrechung, ein Schimmer des Lichtes, zu regen; zugleich aber giebt das betreffende Wort (malama), da es auferdem ein geiftiges Licht bezeichnet, eine gewiffe Hindeutung auf eine umfaffende Intelligenz, einen Nous im Sinne des Anaxagoras. Endlich macht Baftian auf die Bedeutung der Makalii, der Plejaden oder des Siebengeftirnes aufmerkfam, »die fich gleichfam als das Thor öffnen für das Eingreifen der kosmifchen Kräfte auf die planetarifchen Schöpfungen, die jetzt beginnen, und ift die eigenthümliche Rolle der Plejaden in faft fämmtlichen Mythologien der fünf Continente hinlänglich bekannt« (»Heil. Sage«, S. 106).

Nach diefem Vorfpiel wird dann mit dem Auftreten des Kumulipo (eigentlich Wurzel — kumu — des Abgrundes — lipo —) und des entfprechenden weiblichen Gegenfpieles Po-ele die neue Aera eingeleitet *), ähnlich wie bei den Chinefen fich Ying und Yang einander gegenüberftehen oder die Nyx urfprünglich bei Hefiod allein dafteht und dann durch ihre Verbindung mit Erebos, als der Dunkelheit der Unterwelt, die weiteren Emanationen bewirkt. Im Uebrigen tritt vorläufig in den Schöpfungen der folgenden Stufen, den Protozoen u. f. w., der gefchlechtliche Gegenfatz noch nicht hervor, nur ift es für diefe Generatio aequivoca bezeichnend, dafs jedesmal eine neue Art der Lebewefen in zweifacher Form erfcheint, fowohl auf dem Lande wie im Meere, wie denn diefe Theilung durch die Natur der Dinge für die polynefifche Infelwelt gegeben ift **). Als eine höchft merkwürdige paläontologifche Figur aus früheren Weltfyftemen ragt in diefe Aera hinein der Octopus, dem nordifchen Kraken vergleichbar, anfänglich als ftummer Zufchauer, dann unter dem Gewühl der entftehenden Reptilien und übrigen Meerungeheuer mit in den Kampf des Dafeins geriffen. Im Uebrigen herrfcht noch immer Nacht, obfchon gelegentlich (wie in der zweiten

---

*) Vergl. Moerenhout, Voyage aux îles du Grand Ocean 1, S. 563, der das männliche Princip als das active, geiftige, als die Seele fafst, das andere als das paffive, fichtbare, materielle, als den Körper.

**) Vergl. Baftian, Naturwiff. Behandlungsweife der Pfych., S. 85: »Bei der in Polynefien durchgängigen Doppeltheilung zwifchen Land und Meer wird bei dem Hervortreten aus dem Po, durch das Drinnenwirken der Atua, der terreftrifchen Schöpfung (in Hawaiis Pule Heiau) ftets eine marine oder aquatifche gegenübergeftellt. So fteht in Mangaia an der Spitze der Schöpfungswefen (gleich Oannes und anderen Fifchgöttern) Vatea mit feinem Halbbleib«.

Schöpfungsperiode) fich Anzeichen der Dämmerung bemerkbar machen. Auch darin bekundet fich ein wefentlicher Fortfchritt, dafs mit der zunehmenden Anhäufung und Befeftigung der Schlammerde der leere Abgrund (Kumulipo) allmälig ausgefüllt wird und verfchwindet (am Ende der erften Schöpfungsperiode). Von den weiteren Perioden (im Ganzen find es ihrer neun oder zehn) bietet keine ein tieferes Intereffe, als die fünfte und fiebente; in jener fcheidet fich die Nacht vom Tage als befonderer Zeitabfchnitt, obfchon trotzdem der alte Refrain: Po-no, Nacht überall, feftgehalten wird. Ebenfo ift es bemerkenswerth, dafs fowohl hier als auch in der fiebenten vor der individuellen Exiftenz des Menfchen die Voranlagen für den Verftand, für die technifchen Fertigkeiten und Gefchicklichkeiten und namentlich die allgemeinen pfychifchen Schöpfungen, die Seh- und Hörbilder, Gedanken, Zauberformeln u. f. w. entftehen, was Baftian dem entfprechenden Verhältniffe zwifchen Aromana und Ayatana im Abhidharma des Buddhismus vergleicht oder den platonifchen, aller individuellen Exiftenz vorangehenden Urbildern der Schöpfung, den Ideen [»Naturwiff. Behandlungsweife«, S. 162*)]. In der achten Periode entfteht der Menfch, die wilden Naturkräfte befänftigen fich, die Geburt des Weibes (Lailai) und des alle Welt durchftrahlenden Lichtes, die Säulenpfeiler feftigen fich, unter Erdbeben richtet fich das Land empor, und die Weltfchöpfung ift vollendet.

Diefe Entftehung des Menfchen bildet einen

---

*) Genau in derfelben Weife geht in dem Schöpfungsfange der Maori das Allgemeine und Abftracte dem Individuellen und Concreten vorher (vergl. Baftian, Heil. Sage, S. 19).

fcharfen Abfchnitt der ganzen mythologifchen Schilderung; während vordem eine geheime fchöpferifche Urkraft als Akua die verfchiedenen Stufen des Organifchen im Dunkel der Nacht hervorbrachte, ift wie mit einem Schlage durch das Auftreten des Menfchen die ganze Scenerie verändert. »Wie im Ausbruch des Gewitters klärt fich plötzlich der ganze Horizont, der zerriffene Schleier dunkler Nacht entflieht nach allen Seiten, freudig froher Friedensglanz umftrahlt das All, und das Weib fteht da im Glanze ihrer Schönheit, deren nach oben geworfener Reflex den Sonnengott hervorruft. Ao! Licht. In diefem Weiblichen find nun die gefammten Schöpfungskräfte der Urnacht abforbirt, oder vielmehr dies Weibliche repräfentirt die neue Form, unter welcher die bisher in dunkler Nacht fchaffenden Urkräfte fortan im Lichte thätig zu fein haben, und Eros (der älteste Gott bei Parmenides) tritt jetzt feine Herrfchaft an« (»Heil. Sage«, S. 139 und die dafelbft angeführten Verfe). Lailai wird durch den Himmelsfpalter (die Zenithfonne) hinauf in die ätherifchen Höhen gerufen, während fie auf der Erde das Feuer in einem Reibholze zurückläfst, andererfeits leitet fie durch ihre Vermählung mit dem Gott Kane die weitere Folge der Fürftengefchlechter (Ariki) ein, die natürlich wie überall, fo auch hier, göttlicher Abkunft find [*]. Im Uebrigen

[*] Vergl. dazu die Bemerkungen Baftian's: »In anderen Mythologien treten folche Baummenfchen wieder in die untergeordnete Stellung irdifcher Aborigines, wenn das höhere Fürftengefchlecht von oben herabgeflogen ift, himmlifcher Herkunft in Rangtfa der Cachari, wie die Birmanen aus dem Byammahimmel wiedergeboren waren. Trotz des fcheinbaren Widerfpruchs in diefer Anfchauung wird gerade dadurch, wenn man tiefer in den Gedankengang eindringt, die Regel gleichmäfsiger Auffaffung beftätigt, diefe Himmelsgeburten vollziehen fich innerhalb der bereits befeftigten Weltperiode, indem z. B. die

bildet der im Gott Kane sich vollendende Schöpfungsbaum, der aus den Urtiefen des Abgrundes emporsteigt, die unmittelbare Analogie sowohl zum Hesiodischen Tartarus, aus dem sich die Wurzeln der Erde und des Meeres aufwärts strecken, wie zur germanischen Yggdrasil, dem grofsen Weltbaume, deffen Wurzeln unter der Erde verborgen find, während sein Gipfel den Himmel überragt, obschon auch hier im Detail gewisse Abweichungen vorkommen.

Diefer höchst wahrscheinlich ältesten Ueberlieferung über die Entstehung der Welt, in welcher sich eine kindliche Naivetät mit speculativem Tieffinn wunderfam paart, steht eine andere Form gegenüber, die aber nicht mit dem Kreifen des undurchdringlichen Dunkels und der Nacht beginnt, fondern schon die Existenz der Götter vorausfetzt. Diese Tradition findet sich auf den Gesellschaftsinseln, Tahiti, den Marquefas und Hawaii mit ziemlich unwesentlichen Nüancirungen, und zwar entweder in der Form, dafs die Welt wie in der indischen Anschauung aus einem Ei entsteht [das Detail bei Fornander, I, 211, der die Sage aus

---

Byammahimmel, die bei der Fluth übrig gebliebenen Terraffen darstellend, sich alfo nur auf eine partielle Weltzerstörung beziehen, innerhalb welcher sich wieder relative Gegenfätze markiren. Die Wurzeln polynefischer und anderer Schöpfungsbäume (wie auch im Buddhistischen bei Zufammenfaffung der Gefammtperiode) liegen dagegen über ursprünglichen Anfang hinaus und vielleicht im chaotischen Gewirbel jener Sturmgebraufe, worin die Trümmer vorangegangener Welten umhergetrieben wurden, um in dem Reflex schattenhafter Umriffe temporäre Vorbilder der neuen Weltgestaltung zu anticipiren. In ähnlicher Weife, wie jene birmanischen Himmelskinder in unerreichbarer Höhe bei der auffteigenden Fluth bewahrt werden, überdauern Baldr und Hödur, für Bevölkerung der neuen Erde, die Feuerzerstörung in der Unterwelt, wie mexikanische Bilderschriften, die den den Weltenbrand Ueberlebenden in einer Höhle eingeschlossen zeigen.« (»Heil. Sage«, S. 297).

einer ähnlichen javanifchen ableiten will*)|, oder in der Weife, dafs die Erde von dem Gott Taaroa (oder Tangaloa) mit einer Angel aus dem Meere aufgefifcht ift. Doch kann es als ein äufserft günftiger Umftand bezeichnet werden, dafs uns noch eine andere, allem Anfcheine nach fehr alterthümliche Tradition auf Tahiti erhalten ift, die in allen wefentlichen Zügen mit der foeben befprochenen hawaiifchen Dichtung übereinftimmt, nur freilich mit dem bezeichnenden Unterfchiede, dafs im Anfang der Dinge fchon ein Gott exiftirt hat²). Fornander bezeichnet diefe durch Moerenhout, dem höchft verdienftvollen Forfcher auf dem Polynefifchen Archipel, uns, obfchon nur als Fragment, erhaltene Dichtung mit Recht als eine der grofsartigften, die überhaupt in diefem ganzen Sagenkreife vorkommen, nicht minder unbeftritten in ihrer Originalität und Alterthümlichkeit, die nur in etwas durch die Einführung des Gottes Taaroa befchränkt wird. Der vorfichtige englifche Kritiker ftellt fich folgendermafsen zu der Frage: »The poem accords so thouroughly with the Marquesan and Hawaiian poems on the same object, that there can be no doubt of its very great antiquity, although the introduction of Taaroa as the Great Creator would seem to indicate a later period for its composition than that of the Hawaiian and Marquesan chants on creation and cognate subjects. I am unable at present to indicate the period of Polynesian life, when the attributes and powers of Kane or Tane or Atea (for they are but synonyms of the same conception) were transferred to Taaroa or Tangaroa, who, to judge

---

*) Vergl. Ellis, Polynes. research. II, S. 62, der auch hier eine Beziehung zur Genefis finden will.

from the Hawaiian and Marquesan folk-lore, was originally conceived as the very opposite in attributes and functions ... With these considerations ... I am satisfied, that this Tahitian chant of creation is older than the period when Taaroa was elevated by the southern groups into the primacy of Godhead, and its intrinsic evidence connects it with the remarkable series of ancient chants, once common to the Polynesian race as an heirloom from the past, of purer creed and loftier conceptions and of which the Marquesans and Hawaiians have preserved such interesting relics« (I, 220).

Was die Schöpfungslehre fchliefslich nach ihrer phyfikalifchen Seite anlangt, fo bedarf das Verhältnifs der Erde zum Himmel noch einer näheren Beſtimmung; in der polynefifchen Anfchauung handelt es ſich um die Trennung diefer beiden, die urfprünglich eng mit einander verknüpft waren, fo dafs es der gröfsten Anſtrengungen feitens der erſten Götter bedurfte, um diefe Scheidung zu bewerkſtelligen (vergl. Grey, Polynef. Mythol., S. 1 ff. und mit geringen Abweichungen die Verfion Manning's bei Baſtian, Heil. Sage, S. 24 ff.). In Hawaii gilt die Erde (Papa) als an fich fchon gefeſtigt, und nur für den Himmel bedarf es einer Stütze, einer Säule, ähnlich wie bei den Dajaks der Himmel emporgehoben wird oder in den Veden Soma ihn auf Pfeilern gründet. Die Namen diefer Grundſäulen find infofern nach Baſtian bedeutſam, als das Wort Moana liha ſich als Schaum (liha) des Meeres (moana) erklärt, und damit eine entfprechende Parallele zu Aphrodite's Entſtehung gegeben fein würde, und ebenfo der Ausdruck Kawao maaukele fich zuſammenſetzt aus kawao (Nebelbank) und wirbliger (kele) Strömung (au). Wie fo manche Völker, kennen auch die Polynefier eine alles vernichtende Fluth (Kai-a Kahinelii), in der unter Gewittern und gewaltigen vulkanifchen Erfcheinungen eine neue Aera für die Welt heraufzieht, indem die einheimifche Fürftin Papa fich mit dem aus der Fremde kommenden Wakea vermählt, deffen Ankunft durch die vielfach in den Mythen genannten Moa-Vögel angekündigt wird. Von anderen dahin gehörenden Erzählungen berichtet Baftian nach den Aufzeichnungen des hochverdienten einheimifchen Gelehrten auf den Sandwich Infeln, David Molo, noch das Abenteuer des Häuptlings Konikonia, der nach dem Raube der Fifchfrau Lalohana durch die Wogen der Fluth verfolgt wurde bis zu der Schwelle des auf dem höchften Baume des höchften Berges aufgebauten Holzkaftens*). Fornander, der überall einen cushitifchen Einflufs vorausfetzt, entfchliefst fich für den vorliegenden Fall doch zu der Annahme, dafs die polynefifche Faffung in keiner unmittelbaren Abhängigkeit von der chaldäifchen oder hebräifchen Ueberlieferung ftehe, fondern eine echte und alterthümliche Darftellung — freilich nicht der Polynefier felbft, fondern der cushitifchen Araber |vergl. I, 96|³).

Die Erfchaffung des Menfchen bietet gleichfalls mancherlei intereffante mythologifche Parallelen zu der entfprechenden hebräifchen Anfchauung. Aus der Hand Kanes ging der erfte Menfch hervor und, während

---

*) Vergl. über das ganze Problem der Fluthfagen Andree, Die Fluthfagen, Braunfchweig 1891, befonders für den vorliegenden Zweck S. 53 ff.; im Uebrigen nimmt Andree keine Abhängigkeit von der biblifchen Darftellung an, trotzdem die Aufzeichnung meiftens von chriftlichen Miffionaren erfolgt fei; vergl. auch Baftian, Zur Kenntnifs Hawaiis, S. 15.

diefer fchlief, die erfte Frau. gebildet aus der Seele
oder Aku (vergl. Baftian, Zur Kenntnifs Hawaiis,
S. 15), oder nach einer anderen Verfion entftand der
Urahn aus Erde oder genauer aus der Schlammerde
oder Schlammwaffer, das Alii-Baum genannt wird.
»Als ihn nun die herabfchauende Gottheit (das in der
Wolke zum Himmel emporftrebende Auge) allein auf
der Welt fah, gebot fie ihm, fich in dem Teiche
Mukihana (Verpflichtung zum Küffen) zu baden. Beim
Zurückkommen fand er die Kleider, die er abgelegt
hatte, in die Frau Kapohihihi (undurchdringliches
Dunkel) verwandelt etc.« (Baftian, Oceanien, S. 267).
Diefer Göttermenfch Hoolahakapo erzeugte eine
Tochter Kapoaaeae (neues, trübes Leben), die ihrem
Bruder die Kinder Kapohiiluna (nach oben fchweben-
des Dunkel) und Kapohiilalo (nach unten fchweben-
des Dunkel) fchenkte, alfo entfprechend den griechi-
fchen und chaldäifchen Anfchauungen, bis dann in
ihrer Nachkommenfchaft die nächtliche Wolkenbank
(Kapaiopua), durch Effen der (phallifchen) Bananen-
frucht gefchwängert, den erften Menfchen, Manawila
(mana« = »Macht«, »wila« = »Blitz«), den Blitz-
mächtigen, hervorbringt (vergl. Baftian, Heil. Sage,
S. 124 und Oceanien, S. 267). Eine andere Ueberlieferung endlich knüpft an die Wirkfamkeit der fpäter
noch genauer zu befprechenden Gottheiten Kane, Ku
und Lono an, indem fie den erften Menfchen aus
rother Erde entftehen läfst, dadurch, dafs ihm Athem
in die Nafe geblafen wird und die Erde mit Speichel
gemifcht ift; die Schöpfung der Frau ftimmt bis auf
den Namen mit der Darftellung der Genefis (vergl.
Fornander I, 70 ff.). In der Reihenfolge der
Schöpfung der Geftirne dagegen weicht die hawaiifche

Tradition von der biblifchen ab und folgt der babylonifchen, die den Mond, als hauptfächliche Gottheit, der Sonne vorangehen läfst, während fich in Betreff des Sündenfalles, um den technifchen Ausdruck zu gebrauchen, eine eigenthümliche Uebereinftimmung zwifchen der hawaiifchen und hebräifchen Auffaffung zeigt, die Fornander fo beurtheilt: »In the chant, after relating the creation of the first man and woman and giving some eight different names or appellatives whereby they were known and all referring to their happy and powerful state before the fall, occurs the following allusion to some catastrophe . . ., after which the previous names of the first human pair, expressive of joy and power, were changed to names expressive of misfortune and remorse of grief . . . Here follow the new names of Fallen, Tree-eater, Tree-upset, Mourner, Lamentation, Repenting etc., and it is, moreover, curious to observe that, whereas in enumerating the names of the first pair before their misfortune, the chant places the husbands name before that of the wife, in the list of names after the fall the names of the wife precede those of the husband, who becomes, as it were, an intensified echo of the former. The tradition adds, that the first pair lived in Kalana i Hanoloa, until they were driven out from there by Ka-aaia-nukea-nui a Kane, the large white bird of Kane« (I, 74). Ebenfo führt Fornander noch anderweitige übereinftimmende Züge an, die zu demfelben Zufammenhange gehören, z. B. die Vorftellungen über das Paradies, die Quelle des Lebens, das Effen der verbotenen Frucht u. f. w.; wir begnügen uns, nur die Schilderung des erfteren hier wiederzugeben: »The Hawaiian traditions are eloquent upon the beauty and excellence of the particular land or place of residence of the two first created human beings.... The tradition says of Paliuli (eine der Bezeichnungen des Paradiefes) that it was a sacred, tabued land; that a man must be righteous to attain it, that he must prepare himself exceedingly holy who wishes to attain it; if faulty or sinful, he will not get there: if he looks behind, he will not enter in Paliuli .... The prohibition referred to above, not to look back when starting on a sacred journey, under penalty of faiture, curiously enough recalls to mind the Hebrew legend of Lot and the Greek legend of Orpheus and Eurydice. None of the three legends was in all probability derived from or moulded by either of the others, yet the family likeness between them seems to bespeak a common origin in times anterior to the departure of Abraham from Ur of the Chaldees and among a people where superstition had already hardened into maxims and precepts« (I, 77). Obfchon fomit der englifche Forfcher den Standpunkt einer unmittelbaren Entlehnung fahren läfst, kann er fich doch nicht zu der einzig zutreffenden und alle Schwierigkeiten löfenden Anficht der focialpfychologifchen Entftehung diefer verfchiedenartigen mythologifchen Ideen, wie fie fich überall auf Erden ohne Rückficht auf irgend welchen geographifchen, hiftorifchen und ethnographifchen Zufammenhang bei den gleichen Exiftenzbedingungen und demfelben geiftigen Entwickelungsniveau finden, auffchwingen [4]).

II. Theogonie.

In diefen mythologifchen Procefs der Entftehung der Welt und der organifchen Wefen greift nun, wie überall in den mythologifchen Syftemen, die Wirkfamkeit der aus dem Dunkel der Urnacht zu individueller Leibhaftigkeit fich geftaltenden Götter mehr oder minder beftimmend ein. Natürlich kann hier fo wenig wie in den früheren Unterfuchungen eine lückenlofe Vollftändigkeit beanfprucht werden, fchon die verfchiedenen Ueberlieferungen weichen häufig nicht unbeträchtlich von einander ab; es handelt fich für uns nur um die Fixirung der Grundzüge, zugleich unter Berückfichtigung zunächft der übrigen polynefifchen Traditionen (wobei vor Allem die Tahiti- und die Marquefas-Infeln in Betracht kommen) und fodann im weiteren Sinne der ähnlichen Vorftellungen in anderen Sagenkreifen aufserhalb des Auftralifchen Archipels. Erinnern wir uns zunächft der bisherigen Entwickelung, wie fie uns das Tempelgedicht in folgenden Verfen vor die Augen ftellt:

>Hernieder in die Geburten die Sonne blickt,
Heifs aus den Augen ftrahlend,
Herauffaugend in mächtigem Zug.
Dem Menfchen regt fich das Fliegen,
Er eilt der Sonne zu.
Ua ao (Licht hervorgetreten),
Und im Erdgebebe hebt fich das Land,
Lailai emporzutragen,
Und, der Himmel im Zenith gefpalten,
Tritt die Mittagsfonne hervor.
Die Frau fchwebt auf zum Himmel,
Die Heimath himmlifcher Herkunft,
Kinderlos fteigt fie empor,
In Reinheit pflanzlichen Wachsthums.

(Baftian, Heil. Sage, S. 139).

Vor Allem ift es der Gott Kane, Gatte Lailais, deffen Perfönlichkeit genauerer Aufmerkfamkeit bedarf. Er repräfentirt, wie Baftian fagt, fchon feinem Namen nach das Männliche $κατ' ἐξοχήν$ und tritt fpäter ganz in die Götterwelt über: »In Kane ift nun

das directe Ergebnifs der Gefammtheit bisheriger
Schöpfungsthätigkeit zu erkennen, foweit fie fich in
unvollkommenerer Weife als im Weiblichen, auch im
Männlichen zu fpiegeln vermag. Der ununterbrochen
aus dem Urgrunde emporgewachfene Schöpfungsbaum
gipfelt eben in der edelften vegetativen Thätigkeit,
in den im Walde gepflanzten Säulenpfeilern, und alfo
in Kane, ihrem fymbolifchen Ausdruck als Tane-
mahuta. Durch ihn reichen die Ariki in ihrem urfprünglich eigentlichen Charakter als Fürftengötter
oder Götterfürften bis auf die Urwurzeln des Dafeins
zurück, in ähnlicher Weife, wie es in der japanifchen
Kosmogonie dargeftellt ift.... In Kane repräfentirt
fich uns das einfach unverfälfchte Menfchenthum (in
feinem unfchuldsvollen Zuftande, wie es moralifirend
aufgefafst wird), als aus naturfrifch reiner Baumvege-
tation entfproffen« (»Heil. Sage«, S. 140). In der
volksthümlichen Anfchauung gilt er neben dem aus
dunkler Nacht zum Licht und Heil umgefchaffenen
Kanaloa (die zufammen ein Dioskurenpaar bilden) als
ein Tröfter und Retter in aller Noth des irdifchen
Lebens. Fornander nimmt eine gewiffe Trinität
dreier göttlicher Wefen an, die an der Spitze der
ganzen Weltentwickelung ftehen und aus dem dunklen
Schofse der Nacht alles organifche Leben hervor-
rufen; hier tritt im Gegenfatz zu der in dem Pule Heiau
hervortretenden, fchon früher befprochenen Tendenz,
den Weltbau nicht als das Werk göttlicher Thätigkeit,
fondern allgemeiner, kosmifcher Kräfte darzuftellen,
mehr der der femitifchen Mythologie vertraute Begriff
einer Schöpfung hervor. Der englifche Gelehrte [3])
fafst das Verhältnifs etwa fo auf: Am Anfang der
Dinge exiftirten jene drei geheimnifsvollen Wefen

Kane, Ku und Lono, an Befchaffenheit gleich, nur in Attributen verfchieden, der erfte jedoch der mächtigfte von allen; fie find von Ewigkeit zu Ewigkeit, vor aller Materie, vor dem Rollen der Urnächte, aus deren Tiefen fie vielmehr durch einen fchöpferifchen Act das Licht entlocken. Sie fchaffen Himmel und Erde, Sonne, Mond und Sterne, und endlich nach ihrem Bilde den Menfchen, und dann aus einer Rippe deffelben das erfte Weib: Alles in Allem ein polynefifches Abbild der bekannten Schilderung in der Genefis, obfchon Fornander hier feltfamer Weife keine Uebertragung mittelft cushitifchen Einfluffes annimmt, während er bezüglich der gemeinfamen Figur eines gefallenen Engels und eines Widerfachers (in der hawaiifchen Sage Kanaloa) die Möglichkeit einer für die hebräifche und polynefifche Ueberlieferung mafsgebenden älteren Verfion zuläfst [6]).

Eine vielleicht noch hervorragendere Geftalt, obfchon deren Bedeutung in der hawaiifchen Ueberlieferung fchon etwas abgefchwächt ift, tritt uns in dem Gotte Taaroa entgegen, wie ihn befonders anfchaulich die durch Moerenhout gefammelten heiligen Gefänge der Marquefas-Infulaner erkennen laffen. Er ift der oberfte aller Götter, Schöpfer Himmels und der Erde, aller irdifchen und göttlichen Wefen, aber viel zu erhaben, um fich in die Gefchäfte des gewöhnlichen Lebens zu mifchen [7]). Auch die fchon früher erwähnte Scheidung der Kosmogonie in ein actives männliches und in ein paffives weibliches Princip führt nach dem franzöfifchen Kritiker auf Taaroa zurück, den Himmel, fo dafs auch die polynefifche Mythologie nur ein Abglanz der Natur und der Naturvergötterung fein würde [8]). Wie fich aber einerfeits diefe erhabene

Idee eines höchsten, fchöpferifchen Gottes auf allen Infeln des Archipels findet, wie überhaupt das ganze Leben der Bewohner, ihre Anfchauungen, Sitten und Gewohnheiten von religiöfen Ideen beherrfcht find, fo ftellt fich diefem grofsartigen Spiritualismus auf der anderen Seite eine wüfte Ausgeburt des lächerlichften Aberglaubens entgegen ²).

Zur Probe fei hier der Anfang jener uralten Dichtung beigefügt:

»Im Anfang der Raum und Gefälnte,
Den Raum in des Himmels Höhe
Tanaoa erfüllte, durchwaltet den Himmel,
Und Mutuhei fchlingt darüber fich hin.
Keine Stimme damals, kein Laut noch war.
Nichts Lebendes in Bewegung.
Noch Tag war nicht, noch war kein Licht,
Eine finftere, fchwarzdunkelnde Nacht.
- Tanaoa war's, der die Nacht beherrfcht,
Und Mutuhei's Geift die Weite durchdringt.
Aus Tanaoa hervor Atea entfprang,
In Lebenskraft fchwellend, mächtig und ftark,
Atea war's nun, der den Tag beherrfcht,
Und Tanaoa ihn trieb er fort u. f. w.«

(Vergl. Baftian. Heil. Sage, S. 13, und »Einiges aus Samoa und anderen Infeln der Südfee«, S. 73, den ganzen Text bei Moerenhout I, 419 ff.)

Der Grundgedanke ift der, dafs Tanaoa die Entwickelung dadurch hervorruft, dafs das anfängliche Schweigen (Mutuhei) durch die Hervorbringung des Tones (Ono) befeitigt wird, und fich Atea (das Licht) mit der Morgenröthe (Atanua) vermählt. Dann erfchafft Atea die Reihe der niedrigen Gottheiten, Himmel und Erde, Thiere, Menfchen u. f. w., — natürlich alles unter der mafsgebenden Vorausfetzung der urfprünglichen, undurchdringlichen, alles umgebenden Nacht. Diefer allegorifche, religionsphilofophifche Mythus ift unfraglich fehr alt, obfchon es vergebliche

Mühe fein würde, irgendwie genauer die Zeit feiner Entftehung zu beftimmen; immerhin kann man denfelben mit Fornander feinem ganzen Gehalt und Ausdruck nach noch vor die Veden legen [10]).

Diefe uralte mythologifche Bedeutung trifft für den hawaiifchen Sagenkreis vielfach, wie oben fchon bemerkt, nicht mehr zu. Hier finden wir Tangaroa oder auch Taaroa (wie fein Name nunmehr lautet, der übrigens mit Kanaloa gleichfalls identifch ift) als Zwilling des in Mangaia z. B. als höchften Gott verehrten Bruders Rongo, dem er das Recht der Erftgeburt abgetreten hatte (vergl. Baftian, Heil. Sage, S. 282) — eine Vertaufchung der Rollen, wie fie aus der Bibel hinlänglich bekannt ift und auch in Afrika in der Rivalität zwifchen weifsen und fchwarzen Brüdern vorkommt, und die Baftian darin begründet findet, zu erklären, »weshalb der pfychifch oder phyfifch als überlegen erkannte Fremde dennoch bei dem factifch bewiefenen Ueberwiegen der Eingeborenen in ihrem eigenen Lande zurückzutreten habe« (»Zur Kenntnifs Hawaiis«, S. 70). Tangaroa (der Helle) zog fich vor Rongo, dem Dunkeln, der in der Unterwelt verblieb, und nur bei Gelegenheit der grofsen Jahres- und Erntefefte als Lono umhergetragen wurde (nachdem er von feinem Bruder im Feldbau unterrichtet war), zurück, wie denn Cook anfänglich überall als der fehnfüchtig erwartete und endlich von feinen Fahrten heimgekehrte Gott begrüfst wurde. Zwillinge aber gelten in Hawaii, wie Baftian angiebt, als durch Kraft des Geiftes und Körpers hervorragend, weil die Folge eines ungewöhnlichen Naturereigniffes, und daran knüpft fich die Vergötterung, während in Afrika, wo Zwillinge ebenfalls als ein Prodigium betrachtet werden, die Folge ift, dafs einer der beiden fterben mufs. Das Voranftehen diefer beiden Götter (Kane und Kanaloa) in Polynefien ift das natürliche Ergebnifs der auf ein Fifcher- und Schifferleben hinweifenden Umgebung, indem es der Gunft Tane's für den Bau des Canoes und der des Tangaloa für deffen Fahrten bedarf (»Heil. Sage«, S. 131). Im Uebrigen wird Taaroa, der Vater der Götter und Schöpfer Himmels und der Erde, noch erwähnt als Erzeuger Oro's, des Stifters jenes feltfamen Bundes der Aréoi auf den Südfee-Infeln, auf den wir fpäter noch zu fprechen kommen werden [11]).

Neben dem fchon erwähnten Kane wird häufig noch Kii genannt, die fich beide um die Gunft jenes erften Weibes Lailai bewerben; Baftian charakterifirt ihn folgendermafsen: »Er erfcheint als das Prototyp jener pfychifchen Schöpfung, welche die Akua in dunkler Urnacht vorbereitet, um den Verftand der Menfchen damit zu begraben. Er ift klug und gewandt, aber auch verfchlagen und liftig, darauf bedacht, Kane aus feinem legitimen Ehebette zu verdrängen. Weiterhin fpielt deshalb Kii oder Tiki die Rolle eines fkandinavifchen Loki oder indianifchen Nanabozho und verfchwimmt in den Mythen mit der unterweltlichen Götterfamilie der Maui, nichtsnutzige Schwänke und Poffen treibend, aber auch durch vielerlei Wohlthaten, die Erfindungen feines Scharffinnes, die Menfchen beglückend« (»Heilige Sage«, S. 140). Er ift die Figur des durch feine liftigen Streiche beliebten Volkshelden, der fich gegenüber den durch Geburt und Stellung bevorrechteten höheren Perfönlichkeiten Achtung zu verfchaffen weifs, fo dafs eine Fülle von launigen Erzählungen über ihn exiftiren [12]),

Ueber diefem Detail ift aber nicht zu vergeffen, dafs er fich auch durch Einführung mannigfacher technifcher und induftrieller Fertigkeiten, durch die Erfindung des Feuers, wie endlich durch die Linderung der übergrofsen Hitze ein namhaftes Verdienft um die Gefittung erworben hat. Auch die Geftaltung der Erde wird mit Kane und feinen Brüdern in Verbindung gebracht, indem der Meergott Tangaroa, über ihre böfen Thaten ergrimmt, den bis dahin ftill daliegenden Fifch (eben die Erde) fich heftig fträuben liefs; hierdurch entftanden die Unebenheiten des Bodens, Berge und Abgründe, nachdem die anfängliche Spaltung und Trennung des Himmels und der Erde fchon vollzogen war (vergl. Baftian, Heil. Sage, S. 215).

Ein mythologifch wichtiges Paar ift ferner Wakea und Papa, obwohl hier fchon fich der Uebergang zu hiftorifchen Combinationen fühlbar macht. Urfprünglich find fie als Himmel und Erde gedacht und mit einer leichten Verfchiebung als Sonne (Mittagsfonne) und die für Polynefien wefentlich in Betracht kommenden Infelgruppen. Eine anderweitige Deutung erhielt Baftian aus dem Munde eines alten Priefters, der offenbar urfprünglichere Anfchauungen, wenn auch nur fragmentarifch, darin zum Ausdruck brachte: »Wakea und Papa flutheten auf den Köpfchen des Seegrafes (Hua Lipoa) im weiten Ocean, und aus ihren Zeugungen gebar Papa das Infelland. Nach ihrer Herkunft fragend, erfuhr ich, dafs Wakea-ka-laui ein Nachkomme Kumuhonua-ka-laui's fei, und diefer Kumuhonua-i-lalos, der von Kahiko-ka-laui (der Alte des Himmels) ftamme, als erfter im Dafein. Als ich nun gerne wiffen wollte, woher denn diefer erfte gekommen fei, erhielt ich folgende Antwort: Ueber

Kahiko-ka-laui kann man auf einen weiteren Anfang nicht zurückgehen, da fich wohl die Folgen der Entwickelung an einem Baume beobachten laffen, von dem Samen ab, aber nicht die Entftehung felbft, fo dafs mit dem Samen abzufchliefsen ift« (»Heil. Sage«, S. 157, vergl. »Oceanien«, S. 227) [13].

Auf der anderen Seite zeigen fich aber gewiffe hiftorifch-locale Beziehungen, denen zufolge Papa die einheimifche Prinzeffin der Infeln ift, um die der aus der Fremde an den Küften landende Seekönig Wakea freit. Daher feine fteten Embleme die Moavögel*), die ihn bei feiner Rückkehr aus der Meerestiefe begleiteten, und nachdem er fie von feinem Rücken verfcheucht, raften fie auf den Hausdächern (vergl. Baftian, Oceanien, S. 227). Vielfach fpielen mythifche und local-hiftorifche Elemente durch einander, wie in der folgenden Tradition, die Baftian erzählt: »Nach dem Tode Kahiko's, der feinen älteften Sohn Lihauula zum Erben eingefetzt, gerieth diefer in Krieg mit feinem Bruder Wakea und wurde (da er die Warnungen des Kilo oder Propheten wegen ungünftiger Omen mifsachtete) befiegt und erfchlagen, fo dafs die Herrfchaft an Wakea fiel, bis auch diefer beim Angriff des Häuptlings Kameia-Kumuhonua nach Kaula zu flüchten hatte. Dort nochmals verfolgt,

---

*) Diefe fpielen eine gewiffe mythologifche Rolle, indem fie z. B. nach der grofsen, alles verheerenden Fluth die Ankunft Wakea's verkünden, nachdem durch das Brechen des Teiches über dem Himmel (Kulaninakoi) die furchtbare Kataftrophe über die Welt hereingebrochen ift (vergl. Baftian, Heil. Sage, S. 155). Wie fchon bemerkt, dient der Vogel auch geradezu als Sitz der höchften Gottheit, Taaroa's, in welcher Geftalt er öfters fich feinen Tempeln nähert (vergl. Ellis, II, S. 191); aufserdem wäre daran zu erinnern, dafs (vergl. unfere genauere Ausführung fpäter) Maui in und bei den Alae-Vögeln das Feuer fand (vergl. Oceanien, S. 278 ff.).

mufste er fich mit feinen Begleitern ins Meer ftürzen, um fich durch Schwimmen zu retten. Mit den Wogen ringend, fragte er feinen Priefter (Kahuna) Komoawa, wo Hülfe zu erlangen fei, und diefer nannte als Mittel die Erbauung eines Tempels (Heiau) für die Götter (Akua). Auf die Frage, wo Holz und wo das Schwein für die Opfer zu erlangen feien, liefs der Priefter ihn erft die flache Hand heben (womit der Tempel gebaut fei) und dann die linke Hand geballt in die rechte legen (als das niedergefetzte Schwein) unter Sprechen des Gebetes (durch den Priefter). Dann trieben fie nach der Küfte Hawaiis und alle Männer (fowie die Familienglieder) landeten dort, mit Ausnahme eines einzigen, der noch heute im Meere fchwimmt, als Kehauaka, der zurückgebliebene Menfch (ein ewiger Wafferjude). In feine Tochter Hoohiku-ka-lani verliebt, fuchte Wakea feine Frau Papa durch Veränderung der Tabunächte zu täufchen, überhörte aber einft das (eala au ahu, eala au mai = auf erwache, auf erhebe dich« beginnende) Morgengebet feines Priefters und fchlief bis zum Sonnenaufgang. Obwohl fein Geficht verhüllend, wurde er durch Papa erkannt, und um fie zu verföhnen (oder um die Schande zu verdecken), galt von da an Hoohiku-ka-lani. als Tochter des Priefters Komoawa mit der Frau Popokolonuha. Aus Wakea's Ehebruch wurde als knochenlofe Fleifchmaffe der (ältefte) Sohn Haloa-maka (Auge des Stengels) geboren, der kurz nach der Geburt neben dem Haufe begraben wurde und die Taropflanze hervorwachfen liefs; der ihm folgende Bruder wurde deshalb Haloa (Stengel) genannt« (»Heil. Sage«, S. 173 und ebenfo »Zur Kennt. Haw.«, S. 111, und endlich »Oceanien«, S. 253) [14]).

Neben Kane und Kanaloa geniefst in Hawaii eine grofse Verehrung Lono, der uns Europäern aus der unglücklichen Kataftrophe Cook's fchon dem Namen nach wenigftens bekannt ift. Die Vergötterung, welche dem englifchen Seefahrer zu Theil wurde, erklärt fich bekanntlich fo, dafs die Eingeborenen in ihm die längft erfehnte Geftalt ihres dereinft ausgewanderten Gottes zu erblicken vermeinten, bis fie durch rein menfchliche Klagelaute, die dem durch einen Stein verwundeten Cook entfuhren, belehrt wurden, dafs kein Unfterblicher vor ihnen ftehe. Er ift Gatte der vulkanifchen Göttin Pele, die er verlaffen, obfchon er zu ihren Ehren athletifche Spiele (die Mahakiki) eingefetzt. Er ift ein Jahres- und Erntegott, weshalb fein Bild bei folchen Feften in feierlicher Proceffion umhergetragen wird. Während in Mangaia Lono oder, wie er hier heifst, Rongo dem dunklen Hades angehört (im Reiche des Milu), im Gegenfatz zum hellen, lichtfarbigen Zwillingsbruder Tangaroa, hat in Hawaii gerade umgekehrt Lono den Charakter als oberweltlicher Erntegott, gegenüber dem in fchattenhaftes Dunkel zurücktretenden Kanaloa. »Bei der Ernte brachten die Landbauern die Erftlinge demjenigen Gotte dar, den fie verehrten, indem (je nach der Secte) ein Feuer für Ku, für Lono, für Kane oder für Kanaloa angezündet wurde, unter allgemeinem Stillfchweigen. Wenn nach dem Kochen der Speife die Gefellfchaft im Kreife zufammenfafs, wurde das Idol herbeigeholt und mit dem Becher Lono's am Halfe umgehängt. Das Bild follte nur zur Erinnerung dienen an den Gott, der im Himmel weilte, und der Priefter bot deshalb die Speife dem Himmel (nicht dem Idol) an. Dann konnte das

Mahl beginnen, und fpäter, nachdem das Feuer erlofchen war, konnte die Speife (ohne fernere Rückficht auf den Gott, der befriedigt war) benutzt werden« (»Zur Kenntn. Hawaiis«, S. 3). Mit den Zwillingen Kane und Kanaloa, fowie mit Ku, dem privilegirten Fürftengott, bildet Lono fomit die heilige Vierzahl im Religionsfyfteme der Hawaiis.

Mit Lono unmittelbar verknüpft ift Pele, die vulkanifche Göttin. Diefe, von ihrem Gatten Lono verlaffen, vermählte fich mit dem Riefen Kamapuaa (halb Mann und halb Thier); doch fuchte fie auch nach anderen Bündniffen: »Als Pele, von der Schönheit des Häuptlings Lochiau in Kauai hörend, ihre Schwefter Hiaka zur Bewerbung dahin fchickte, fand ihn diefe verftorben und hatte acht Tage zu verweilen, bis er ins Leben zurückgerufen war. Als Pele, durch die lange Abwefenheit argwöhnifch, Auftrag gab, ihre Schwefter bei der Rückkehr zu verbrennen, kamen (als fie dem Vulkan nahte) ihre Brüder nach einander herauf, um Feuer zu werfen, und da es keinen Erfolg hatte, kam Pele felbft. Hiaka erklärte an Lochiau, dafs jetzt, da Pele in eigener Perfon gekommen, ihr Untergang gewifs fei, und gebot, den Rauch zu beobachten, damit die Seele in dem Stein, worin fie verwandelt werden würde, bliebe. Als Kamapuha von dem Tode feines Bruders Lochiau hörte, kam er, ihn zu rächen, und entging durch feine erneuerten Leben (in verfchieden gefärbten Schweinen) allen Angriffen Pele's, fo dafs diefe zuletzt die einzige Art des Friedens in der Heirath fah« (Baftian, Oceanien, S. 270). Fornander, der überhaupt eine urfprünglich reine religiöfe Auffaffung auf den Sandwich-Infeln vorausfetzt, hält den Cultus diefer Göttin für ein Ergebnifs fpäterer Uebertragung und Einwirkung, ähnlich, wie er bei Wakea eine folche mythologifche Zerfetzung und Verderbnifs annimmt: »To this period (nämlich eine Verfchlechterung) belongs the introduction of the Pele family of divinities, male and female (beftehend aus acht Schweftern und fünf Brüdern) and the transformation of the Hawaiian fallen angel, Kanaloa, the prince of darkness and chief of the infernal world, to rank almost equal with Kane, Ku and Lono. To the influence of this period may be attributed the increased stringency of the tabus, and probably the introduction or at least more general application of human sacrifices« (II, 61). Und etwas ausführlicher, indem er ziemlich euphemiftifch eine Entwickelungsgefchichte jener Gottheit verfucht: »Though Pele was universally acknowledged as the goodess of volcanoes, and of Kilauea in particular, yet the worship in the Hawaiian group is only subsequent to this migratory period and the arrival of the southern immigrants. Her culte was unknown to the purer faith of the older inhabitants of the Nanantu line, and her name had no place in the Kane doxology. Yet to the careful observer of the ancient Hawaiian legends to this period, various circumstances combine together to produce the impression, almost of a certainly, that among the immigrants of this period arriving from the southern groups was one particular family, afterwards designated as that of Pele, with her brothers and sisters, that they established themselves on Hawaii at or near the volcano of Kilauea, that becoming powerful, they becamed dreades and identified with the volcano near which they resided and that in course of time the head of the family, under the name of

Pele, was regarded as the tutelary deity of that or other volcanoes. The minute and variedly narrated aventures of Pele herself and her sister Hiaka-i-kapole-o-Pele leave but little doubt on the critical student's mind that, at the time when the facts connected with these personages had become historically mouldy and passed into legends, they were still regarded as originally mortal beings, but by common consent exalted in the category of Au-makua (spirit of deceased ancestors) and feared and worshipped as such (II, 44) [13]). Pele gilt auch als Liebhaberin des Gefanges: »Um Pele, als Liebhaberin des Gefanges, zu vergnügen, fingen die Anwohner des Vulkanes an dem Krater, und fie beginnt dann luftig zu brodeln und zu fprühen, was die Verehrer oft in fo freudige Aufregung über die Gunftbezeugungen verfetzt, dafs fie neben den Opfergaben felbft halbe Dollarftücke hineinwerfen. Sollten diefe indefs wieder ausgeworfen werden, fo würde das ein Zeichen zorniger Gefinnung feitens der Göttin fein« (a. a. O. »Oceanien«, S. 270). Ihre Verehrer laffen fich das Haar lang wachfen, bis es ihnen durch das vulkanifche Feuer*) der Göttin wieder abgebrannt wird. Ueber ihre Verhältniffe findet fich noch folgender Bericht: »Als Kamapuha (nach feiner Liebfchaft mit Pele) auf weiter Reife in fremden Landen, mit einer Zwergin verheirathet, diefe nach Vahu brachte, zeugte er mit ihr das Menfchenvolk der Menehune, die fo zahlreich wurden, dafs, als fie fich zum Bau des Tempels (Heiau) Kainuu papa vereinigten, die Fifche nicht genügten und jeder fich mit einem Schrimp begnügen mufste. Als fie eines

---

*) Deshalb gilt auch der Schwefel für eine ihrer Abfonderungen.

Menfchenopfers zur Weihe bedurften, konnten fie von keinem Häuptling daffelbe erhalten, und ftahlen es deshalb zum Beginn des Kapuu, der in Haapoli (als Heiau) endet« (»Oceanien«, S. 258).

Ueberblickt man diefe Reihe der hawaiifchen Olympier, fo ift es allerdings fehr auffallend, wie aufserordentlich gering ihre fittliche Bedeutung ift; kaum hin und wieder findet fich der erfte Anfatz zu einer moralifchen Vorftellung und Verpflichtung*). Es trifft auch bei den Hawaiiern wieder zu, dafs fich in den Göttern der Menfch wiederfpiegelt, und fie im gewiffen Sinne, wie Moerenhout fich mit Recht ausdrückt, als die Mitfchuldigen der Verbrechen der Staubgeborenen angefehen werden können. Er bemerkt: »Par une exception remarquable, parmi ceux d'entre eux qui professaient ou qui professent encore une espèce de polythéisme, leurs Atouas ou dieux, quoiqu' absolus dans leurs volontés, n'avaient point inspection sur la conduite ou les actions privées des hommes. Ils n'étaient satisfaits d'aucune et ne s'offensaient que de celles qui pouvaient leur porter préjudice, comme de les méprises, de ne pas se soumettre aux ordonnances sacrées, de retenir les offrandes et sacrifices . . . . Les dieux étaient donc en quelque sort les complices de tous les crimes; car rien ne s'entreprenaient sans les consultes, sans leur faire des offrandes, et toute réussite, supposait toujours leur sanction. Quelques faits paraîtraient pourtant annonces qu'ils désapprouvaient quelquefois les crimes et les injustices.

---

*) Man darf aber diefen Thatfachenbefund nicht zu einer förmlichen Verdammung der fittlichen Inferiorität der armen Infulaner ausnutzen, wie das nur zu häufig gefchehen; wir kommen noch fpäter auf diefen Punkt zurück, vergl. S. 39 ff.

Ainsi, à l'installation d'un arii rahi ou roi, ce personnage, pour se purifier des crimes dont il avait pu se rendre coupable, devait se soumettre à une espèce de baptème encore peut-être cela n'avait-il bien que pour les crimes qu'il avait commis à leur insu« (I, 440). Dies rein äufserliche, mechanifche Moment kommt dann, wie wir fpäter fehen werden, auch im Cultus zum Ausdruck, indem es fich im Wefentlichen nur um die Darbringung beftimmter, vorgefchriebener Opfer handelt und eine eigentliche Gemüthsbethätigung dabei ganz und gar zurücktritt. Nur in einem einzigen Falle kann man von einer gewiffen fympathetifchen Beziehung fprechen, nämlich dem Schutzgott gegenüber, dem Akua noho, der über das Leben und Wohl jedes der ihm anvertrauten Sterblichen wacht.

Baftian überliefert darüber Folgendes: »Der Jemand fchützende Gott hiefs ‚fein Gott' oder Akua noho („noho' = ‚wohnen', ‚dableiben') und diefer wurde gewonnen durch Aufftellung eines Akua kii beim Tode eines Verwandten, um den Seelengeift zum Dortbleiben zu bewegen, als Unihe pili oder Aumakua. Aufserdem wurde der Hai (mano) zu den Akua noho, als local refidirenden Göttern (Ortsgöttern), gerechnet und viele andere Götter, wie Opua (niederhängende Wolken), Po (Nacht) etc.« (»Zur Kenntn. Haw.«, S. 17). Weiter: »Der den einzelnen Menfchen (Mann oder Frau) begleitende Geift (Akua noho oder ‚innewohnender Gott') wachte über diefelben. Wurde nach dem Tode ein Gottesbild (Akua kii) aufgefetzt und blieb der Geift des Verftorbenen in der Nähe weilen, fo fungirte er als Schutzgott (Unihe pili oder Aumakua).... Einige der

Akua noho dienten, um Einigkeit zwifchen Ehegatten zu bewahren (a. a. O. S. 18). Doch begegneten fie auch nicht felten Widerftand und Unglauben: »Manche verfpotteten die Akua noho (weil nicht gefehen, an ihnen zweifelnd) und fchnitten Fratzen hinter ihrem Kopftuch oder fragten die Hüter, einen Gegenftand in Zeug aufwickelnd, was das Bündel enthalte, und dann über die verkehrte Antwort lachend. Auch wurden die Hüter oft vertrieben oder gefteinigt (S. 19). Viele Götter wurden als locale Schutzgeifter verehrt. Die im Himmel wohnenden Götter waren unfichtbar, doch machte fich jeder ein Bild feines Gottes in folcher Form, wie er ihn im Himmel wohnend dachte; wer feinen Gott in der Erde lebend dachte, nahm von dort die Subftanz des Idols, und fo beim Waffer, wenn in der Luft, vom Vogel. Wer feinen Gott männlich glaubte, machte fein Bild demgemäfs, und fo, wenn weiblich« (S. 14). Eine wichtige Rolle fpielte er begreiflicher Weife bei Krankheiten: »Der Akua hoounauna wird durch feinen Rahu oder Diener zum Einfahren gefchickt, um krank zu machen, wogegen der Akua noho, wenn er durch Gebete Jemand befeffen hat, hervorfpricht und Wunder wirkt. Wird ein Todkranker zu einem Rahuna gebracht, fo fucht diefer deffen Akua noho, und folcher kommt, wenn abwefend, rafch zurück, fo dafs der Rahuna bei der Ankunft des Kranken bereits von feinem Akua noho befeffen ift, und fo augenblickliche Heilung (im Wunderwirken) ertheilt, indem der Akua noho den Akua hoounauna austreibt« (S. 22). Oder: »Um fich in Hawaii einen Unihe pili oder Schutzgott der Familie zu verfchaffen, wird die befte Gelegenheit bei einem Abortus geboten, indem fich der Embryo, wenn in den See geworfen, in einen Hai verwandelt, wenn auf dem Lande begraben, in eine Heufchrecke (Unihe). Andcrenfalls kann man auch beim Tode eines befonders geliebten Familiengliedes deffen Seele (Uhane oder Akua) durch Gebete (Homanaiju oder Homana) feftbannen und fo in einen Unihe pili oder Schutzgeift verwandeln, der, wenn benöthigt, zur Befeffenheit einfährt. Ift zur Erreichung beftimmter Zwecke (günftiger Fifchfang, glücklicher Canoebau u. f. w.) die Hülfe eines Akua erforderlich, fo kann diefelbe gewonnen werden, indem man eine Puppenfigur (kii) verfertigt und diefe durch Homana (Zauberfprüche oder Gebete) unter Darbringung von Erftlingsopfern in einen Akua kii (Götzen) verwandelt. Der fo belebte Gott pflegt dann Nachts dem Träumenden in Vifionen zu erfcheinen und zu erklären, welche Speife ihm heilig fei und deshalb von feinem Verehrer nicht gegeffen werden darf. Manchmal manifeftirt fich der Akua an Vornehme im Traume, indem z. B. ein herabrollender Stein (oder ein anderer Gegenftand unter Eindruck erweckenden Erfcheinungen) gefehen wird. Beim Erwachen mufs man fich das angezeigte Object verfchaffen und unter Gebeten mit Erftlingsopfern verehren, um feines Schutzes ficher zu fein, fo lange es dauert. Die an Privatgötter gerichteten Gebete pflegen das geheime Eigenthum des Befitzers zu fein (und meift von ihm felbft ausgefunden oder erprobt), wogegen derjenige, der den Cultus eines öffentlichen Gottes (wie z. B. Kane) adoptiren will, die an diefen zu richtenden Gebete von einem bereits damit Bekannten lernt« (Oceanien«, S. 271)[*].

---

[*] Vergl. dazu »Zur Kenntnifs Hawaiis«, S. 45: »Das in dem Schöpfungswachsthum Waltende, jedem Naturgegenftande Einwohnende,

Auch beim Tode ift die Wirkfamkeit diefes Schutzgottes für die Zukunft der Seele fehr bedeutfam: »Bisweilen gefchieht es, dafs der Unihe pili oder Familiengott fich der Seele in den Weg ftellt, um ihr Fortgehen zu verhindern und zur Rückkehr in den Körper zu zwingen, fo dafs Scheintodte dann wieder aufleben, und andererfeits kommt es vor, dafs die eines folchen Schutzgeiftes (Unihe pili) bedürftige Familie die Seele eines geliebten Verwandten durch Gebet (Homana) feftbannt, fo dafs fie in der Nähe (bei Reliquien) zu bleiben hat, und für Begeiftern gerufen werden kann« (»Oceanien«, S. 266).

Wie aber anderwärts, fo bleibt auch in Hawaii für den Cultus ein mehr oder minder tiefgreifender Unterfchied zwifchen den Göttern der Vornehmen und des gewöhnlichen Volkes beftehen; die Religion vermag (was fehr bezeichnend ift) die focialen Abftufungen nicht zu überwinden. Das gilt vor Allem von den oberften Gottheiten, deren Verehrung ein Privilegium der Häuptlinge bildete: »Die Götter Ku, Lono, Kane und Kanaloa wurden von den Häuptlingen unter Vermittelung der Priefter und Götterhüter (Rahu akua) angerufen. ... Jeder Häuptling verehrte feinen befonderen Gott, im Vertrauen, dafs der-

---

die Archei infiti, als Innua bei den Eskimo oder Indigetes (Dactilii oder Dactyloi im Uebergange zu kunftfertigen Telchinen aus magifchen Fingerftellungen) trifft in jedem Aufsergewöhnlichen den Indianer als Manitu, den Kanaka als Atua, und an einem aus diefer Klaffe hervortretenden Charakterbilde vereinigen fich dann, bei der Allfeitigkeit der Gefchäfte für die Erdbildung, die dem Culturheros dargebrachten Huldigungen mit erheiternden Schwänken (wie fie Hermes als Diebesgott geübt), und fo fpielt Nanabozho in amerikanifcher Mythologie und Tiki oder, in Festhaltung der Wurzeln aus dem Urgrund, Maui in der polynefifchen, bis zurück auf die Urahnin Hinenuitepo oder Greifin des Lebensanfangs.«

felbe feinen Feind in der Schlacht tödten würde. . . .
Die von den Häuptlingen nicht verehrten Volksgötter
der Gemeinen (befonders diejenigen, die in den Bergen
Holz für Kanoebau und andere Zwecke bauten) waren
Kupulupulu u. f. w.« (Baftian, Zur Kenntn. Haw.,
S. 14). Damit ftimmt die Anfchauung überein, dafs
auch im Jenfeits diefe Kluft nicht verfchwindet:
»Wakea und Milu herrfchen (der erfte für hohe, der
letztere für niedere Seelen) in verfchiedenen Abtheilungen
der Unterwelt, die gegenfeitig tabuirt find,
fo dafs man nicht von der einen zur anderen gelangen
kann. Wakea, als Akea, wohnt im Himmel für die
Seelen der Häuptlinge, während die Seelen der Gemeinen
nach dem fchlammigen Platz Milus (in der
Unterwelt) gehen« (»Oceanien«, S. 264). Doch ift
über die unüberfehbare Zahl diefer dii minorum gentium
wenig Verläfsliches überliefert, wenigftens nichts,
was religionsgefchichtlich irgend ein Intereffe böte, es
ift für uns eben eine blofse Nomenclatur.

Wenn wir uns nun in dem Kreife der hawaiifchen
Olympier zurechtfinden wollen, fo müffen wir vor
Allem, um uns vor Enttäufchungen zu hüten, nicht
eine ftrenge, fyftematifche Anordnung und Folgerichtigkeit
verlangen, eine bis ins kleinfte geregelte
Vertheilung der Herrfchaft und der verfchiedenartigen
Functionen der Götter: von alledem kann hier nicht
die Rede fein. Nur einige machtvolle Geftalten, mit
charakteriftifchem Typus und tieferer Anlage, ragen
aus jenem bunten mythologifchen Gewimmel heraus,
allen voran die centrale Perfönlichkeit Taaroa. Daneben
aber fchiefsen, wie gefagt, die abenteuerlichften
und phantaftifchften Verzerrungen des mythenbildenden
Bewufstfeins ins Kraut. Damit hängt es zu-

fammen, wenn fich auch nur bei fehr wenigen Repräfentanten eine wirklich tiefere, idealere Veranlagung findet; obfchon gelegentlich, wie früher ausgeführt, in der Kosmogonie eine überrafchende fpeculative Kraft hervortritt, fo ift doch dem gegenüber die Götterwelt eigentlich arm an fittlich erhebenden Vorbildern. Weil man nicht bedachte, dafs uns auf Hawaii nicht ein einheitliches mythologifches Gebilde entgegentritt, fondern umgekehrt die verfchiedenartigften Ideen und Anfchauungen fich durchkreuzen und dafs, abgefehen von diefem chaotifch durch einander wogenden Proceffe, manche bedauerliche Lücken in der Ueberlieferung uns den vollen, abfchliefsenden Einblick in die Entwickelung jener mythologifchen Geftalten erfchweren, hat man nicht gezögert, die entgegengefetzteften, einander faft widerfprechenden Urtheile über die hawaiifche Theogonie zu fällen. Wir haben früher fchon Gelegenheit genommen, einige diefer Verdammungen wenigftens anerkennungsweife zu reproduciren (vergl. Anm. 9 und 11), jetzt, wo es fich für uns um einen möglichft befriedigenden Abfchlufs handelt, werden wir nicht umhin können, auch die Meinungen anderer Forfcher noch zu Rathe zu ziehen. Zuerft verdient wieder Moerenhout unfere Aufmerkfamkeit, der in einem allgemeinen Resumé fich fo äufsert: »Une observation générale m'a frappé dans tout le cours de ces recherches et frappera aussi le lecteur, dans les résultats que je lui en présente. Les dogmes religieux et les formes du culte peuvent varier et varient en effet du plus au moins, d'une île à une autre; mais c'est toujours et partout la même cosmogonie, plus ou moins nettement exprimée, mais toujours et partout c'est Taaroa, le dieu suprème, le dieu créateur (I, 557). Und ähnlich: »Ainsi aux îles Sandwich, on dit que Taaroa sous la forme d'un oiseau, déposa un oeuf sur les eaux et que cet oeuf en se brisant produisit le ciel, la terre etc. Cette idée, quoiqu'en apparence si conforme à cette de l'oeuf du monde, ne me paraît naître ici que de cette autre, plus grande, plus riche et mieux énoncée de la tradition d'Otaiti: Ohaii noui (Univers grand) raa ci paa no Taaroa (et sacré, qui n'est que la coquille de Taaroa) te oir ori ra Fénoua (c'est lui que le met en mouvement). Il est donc probable que c'est cette expression paa no Taaroa (coquille de Taaroa), qui a donné aux habitans de Sandwich l'idée de l'oeuf, dont ils croyaient que le monde était sorti« (a. a. O. S. 558). Wie Fornander und Ellis, die wir früher erörterten, fo fprechen fich auch die meiften übrigen Kritiker fehr ungünftig über den Mangel einer tieferen fittlichen Anlage der hawaiifchen Theogonie aus, fo z. B. Jul. Rémy, der nach einer einheimifchen Darftellung (Ka Moolelo) einen knappen Entwurf über die älteften religiöfen und rechtlichen Ideen der Hawaiier verfafste. Bei Gelegenheit der bekannten Inftitution des Tabu bemerkt er: »Le culte, qui repofait en partie sur le Kapu, n'était qu'un grossier paganisme dans le quel perçait à peine l'idée d'un Être suprème. Je ne sais pas même si le mot akua, que l'on a traduit par le mot Dieu, signifiait autre chose pour les indigènes qu'une sorte de génie incompréhensible ou bien encore une chimère quelconque; il est bien certain qu'ils n'avaient pas l'idée de dieux toutpuissants et créateurs, quoiqu'ils en comptassant des milliers, dont les principaux étaient Ku, Kane, Kanaloa. . . . C'était, comme on voit, un singulier mélange de panthéisme et d'anthropomorphisme, où tout était Dieu excepté, Dieu lui même, ce qui du reste est le cas à peu près universel. Les Hawaiiens n'avaient aucune idée de récompenses ou de châtiments futurs. Ils se bornaient à croire qu'après la morte ils allaient dans l'empire de Milu, dieu assez débonnaire, qui offrait à ses hôtes des plaisirs, tout matériels, comme les festins, la danse, la musique, l'amour, le jeu etc.« (»Histoire de l'archipel Hawaiien«, Paris 1862, Einl. S. 39). Aehnlich Grey in feinem bekannten grundlegenden Werke über die polynefifche Mythologie (Auckland 1885), obwohl er den hohen Werth derfelben für eine allgemeine vergleichende Mythologie nicht verkennt: »The puerility of these traditions and barbarous mythological systems by no means diminishes their importance as regards their influence upon the human race. Those contained in the present volumes have, with slight modifications, prevailed perhaps considerably more than two thousand years throughout the great mass of the islands of the Pacific Ocean; and indeed the religious system of ancient Mexico was probably to some extent connected with them. They have been believed in and obeyed by many millions of the human race« (»Preface«, S. 10). Dieffenbach, der durch langjährigen Aufenthalt in Neufeeland — als Naturforfcher der Neufeeland-Compagnie — fich einen tieferen Einblick in die Entwickelung polynefifchen Geifteslebens zu verfchaffen in der Lage war (übrigens vermuthet auch er, wie Fornander, ftarke hebräifche und vorderafiatifche Einflüffe, vergl. II, 98 ff.), fucht die gefammte religiöfe Anfchauung auf den auch fonft ausfchlaggebenden Natur- und Ahnencultus zurückzuführen. »Their belief in spiritual agencies more nearely approaches the nature of religion and has taken its rise in an intuitive feeling of the influence of benevolent or mischievous spirits or of the souls of their relations and ancestors over all their actions. These spirits are called Atua and Wairua. It is difficult to define the meaning of these names, but it may be observed, that Atua; although qualified to assume many different forms, and represented as so many separate spirits, is the divinity; Wairua, which word signifies both soul and dream, are the spirits of the deceased, invisible, and capable of acting benevolenthy or in hostile manner upon men. ... The Atua, although immaterial, can assume certain forms, as that of bird etc. Not to those earthly forms of the Atua, however, but to the spirit itself prayers are addressed for favourable winds and fine weather etc. In one word, Atua are the secret powers of the universe, whether they appear to them as benificent or malignant; but the latter class is that especially addressed in prayer, for the purpose of averting their supposed wrath and hatred. Therè is no worship of idols or of bodily representations of the Atua, and what had been taken for idols are mere ornaments or heir looms for their ancestors and are called tiki. (»Travels in New Zealand«, Two Volumes, London 1843, II, 116). Einen nur recht fummarifchen Bericht giebt Rienzi, wefentlich geftützt auf die Darftellung des Reifenden Freycinet: »Les attributs de la divinité forment autant de dieux différents ou d'esprits particuliers, aux quels a été accordé le pouvoir de dispenser le bien et le mal, suivant le mérite de chaqu'un. Leur résidence habituelle est placée dans les idoles ou dans le corps de certains animaux. Une hiérarchie immuable soumet aux dieux les plus puissants ceux qui exercent un moindre pouvoir. Les âmes des rois, des héros, de certains prêtres forment une légion de dieux inférieurs et tutélaires, subordonnés également entre eux, suivant le rang qu'ils occupent sur la terre« [«Océanie ou cinquième parti du monde«, Paris 1836, 3 Bde., II, 34] [16]).

Diefe Blüthenlefe liefse fich noch beliebig vermehren, aber für unferen Zweck wird die getroffene Auswahl vollauf genügen, da es fich nur für uns darum handelte, die Contrafte der Beurtheilung der hawaiifchen Götterlehre uns möglichft anfchaulich zu vergegenwärtigen. Die kritifche Referve, die fich für uns daraus ergiebt, bedarf wohl keiner befonderen Erörterung und Begründung. Wie fchon angedeutet, ift es der verhängnifsvolle Irrthum in der Wahl der mafsgebenden kritifchen Perfpective, der hier, wie bereits leider öfter, das ganze Problem verfälfcht hat; ftatt fich thunlichft objectiv in das Material zu vertiefen und lieber geeignetenfalls die Lücken der Ueberlieferung offen anzuerkennen, ftatt fie mit glänzenden Phantafieftücken zu vertufchen, fchiebt man unwillkürlich und auch wohl abfichtlich den ganz fubjectiv bedingten Standpunkt des modernen, chriftlichen Bewufstfeins der Prüfung unter und wundert fich nachträglich nicht wenig über die gewaltige Incongruenz, die dabei zu Tage tritt. Dies gänzlich unangebrachte, unwiffenfchaftliche Verfahren, die Ereigniffe des focialen Lebens, wie K. v. d. Steinen fich einmal treffend ausdrückte, mit der Culturbrille zu betrachten, ift, fo fehr es jedem Menfchen im Blute liegen mag, für die auf ftrenge Objectivität abzielende moderne

Ethnologie vollends zweckwidrig und für eine zukünftige allgemein-vergleichende Mythologie, welche die einzelnen Entwickelungsftufen des mythologifchen Bewufstfeins der Menfchheit ohne Unterfchied der Raffe und Zeit verfolgt, gleichfalls. Es ift deshalb unferes Erachtens völlig ungerechtfertigt, mit unferem fpecififch chriftlich gefärbten Mafsftabe diefe felbftverftändlich nicht confequent fyftematifchen und ebenfowenig fittlich geläuterten mythologifchen Anfchauungen eines in harmlofer Laune fein Dafein geniefsenden Naturvolkes be- und, worauf es meiftens hinausläuft, verurtheilen zu wollen; mit einem folchen Verdict verdirbt man fich in der Regel den einzig werthvollen pfychogenetifchen Einblick in das organifche Wachsthum mythologifcher Ideen. Dafs auch in diefer Welt keine blinde Willkür herrfcht — trotz aller anfcheinend noch fo regellofen Phantaftik —, fondern eine völlig gefetzmäfsige Entwickelung, eine ftreng nothwendige Structurbildung, ift eine der erfreulichen Errungenfchaften, die wir der modernen Naturwiffenfchaft zu verdanken haben. Sollen wir unfere Stellung zu diefem Problem mit kurzen Worten kennzeichnen, fo möchten wir an erfter Stelle, wie bereits verfchiedentlich angedeutet, auf jede zufammenhängende Entwickelung der Götterlehre verzichten. So klar und feft in fich gefügt die Kosmogonie erfcheint, wie befonders in den grofsen Tempelgedichten eine überrafchende fpeculative Kraft und Tiefe hervortritt, fo fragmentarifch und lückenhaft ift im Ganzen die Theogonie. Nur einige Geftalten, wie Taaroa, Kane u. a., heben fich aus der übrigen, unklar durch einander wogenden Maffe der Himmlifchen ab, und — was noch mehr fagen will — fie repräfentiren einen fortgefchrittenen Zuftand des fittlichen Bewufstfeins; gerade aber die volksthümlicheren Figuren (und auch das ift fehr bezeichnend) verrathen diefe ideale Haltung am wenigften und zeigen umgekehrt das fehr menfchlich gezeichnete Naturell in allzu getreuer Porträtirung [17]). Ehe wir uns nun zur hawaiifchen Pfychologie wenden und den intereffanten Uebergang der Götter- zur Seelenlehre damit berühren, müffen wir noch mit einigen Worten eines fehr populären göttlichen Wefens gedenken, das als Halbgott die himmlifche mit der irdifchen Welt in feiner Perfon verknüpft, das ift Maui.

Baftian charakterifirt diefen volksthümlichen Helden, der vielfach als Wohlthäter für die Menfchen fich bewährt, mit folgenden Worten: »Maui, wie er auf den Infeln Polynefiens fpielt, vertritt die populäre Geftalt des aus den Gemeinen hervorgegangenen, und diefem (durch Lift mehr, als Gewalt), von den früher den Höheren allein refervirten Vorzügen, verfchaffenden Volkshelden, gleich Herakles mit der Keule und Fell, ehe ihn Juno's umftändliche Adoptionsceremonie den Heroen ebenbürtig genähert hatte.

Bei amerikanifchen Indianern ftimmen die Streiche Nanabozho's, in der Schlauheit eines Eulenfpiegel's, oft mit denen des polynefifchen Maui in den Zügen der Einzelheiten felbft überein, und überall laffen fich in den ethnologifchen Provinzen die entfprechenden Analogien, je nach den für diefe bedingten Modificationen, dadurch auch nachweifen« (»Zur Kenntn. Haw.«, S. 73). Vermöge überlegener Lift und rückfichtslofer Energie weifs er fich feine Stellung anderen Concurrenten gegenüber zu erringen, überall aber macht fich ein gewiffer launiger Zug, der auch vor gewagten Scherzen nicht zurückschreckt, bemerkbar*). Andererseits weiſs er für die von den Göttern vernachläſſigten Sterblichen zu forgen, er mildert die unerträgliche Hitze der Sonne, indem er ſie einfängt und verſtümmelt entläſst, umgekehrt bringt er den Erdbewohnern das Feuer, das durch Reibung erzeugt wird (hier ſpielen die ſchon früher erwähnten Alae-Vögel wieder eine gewiſſe mythologiſche Rolle, ſie tragen das Wahrzeichen des Feuers auf ihrem Kopfe); endlich iſt noch beachtenswerth ſein von rieſigem Erfolge gekrönter Fiſchzug, auf dem er, abgeſehen von ſeiner lebendigen Beute, eine verborgene Welt aus den Tiefen ans Licht befördert. Als Maui ſich entfernt, um den Göttern ein Opfer zu bringen, beginnen ſeine Gefährten, ausdrücklichem Verbot zuwider, den Fiſch zu zerſchneiden. Nun erfolgt natürlich die göttliche Strafe: »Als nun der Meergott Tangaroa die böſen Thaten der Brüder Maui's ſah, ergrimmte er und lieſs den Fiſch heftig ſich ſträuben. In grimmigen Zuckungen warf er ſich umher und wurde dadurch unförmlich und ungeſtaltet. Und hierdurch iſt das Land ſo häſslich und ungeſtaltet — Berge, Thäler, Ebenen, Schluchten und Abgründe, alle gemiſcht; ohne die Gottloſigkeit von Maui's Brüdern würde der Fiſch gelegen haben, und ſo würde auch mit dem Lande geſchehen ſein, denn der Fiſch Maui's iſt das Land. Jetzt aber gerieth das Land aufs Neue in Umwälzung, ſeit der Trennung von Himmel und Erde. Die erſte Verwirrung geſchah, als der Himmel und die Winde und die Fluthen gegen die

---

*) Vergl. das Detail bei Baſtian, Heil. Sage, S. 204 ff., und Oceanien, S. 278 ff., endlich die von Grey überlieferte Verſion, »Zur Kenntniſs Hawaiis«, S. 98 ff.

Bande der Erde kämpften, und jetzt wieder in Folge der Zuckungen des Fifches Maui's, denn fo war der Wille Tangaroa's (»Heil. Sage«, S. 215). Als Culturheros empfängt er die gebührenden Ehren unter mancherlei kosmifchen Aufführungen und Darftellungen, wie fie eben feiner burlesken Natur entfprechen. »Als Schöpferkraft in regelmäfsiger Wiederkehr des Jahreslaufes manifeftirt, empfangen die Ackerbaugötter überall ihre Myfterienfefte des Jubels und der Klage, und wie man fie in Afrika ihre Tempel verlaffen und wieder beziehen fah, fo feierten die Aréois in Nukahiva bei jährlichen Freudenfeften die Rückkehr Maui's, bis dann wieder im Trauergewande den Abfchied der Götter beklagend. . . . Dann ift die Erde zu imprägniren mit dem erzeugenden Princip, und weil fie weiblich durch das Männliche alfo, das im Berge Meru als Phallus auf ihr fteht, oder in den Waldbäumen Tanes, wobei der alten Urmutter gegenüber, der jugendliche Sohn als Begleiter gefafst, zu jenen blutfchänderifchen Mifchungen führte, wie fie in Tragödien nachklingen mögen, aber auch in Genealogien (gleich dem Anfange derer auf Hawaii und Nukahiva)« (»Zur Kenntn. Haw.«, S. 45).

III. Seelenlehre.

Der Zufammenhang der Pfychologie mit der Theogonie ift dadurch unmittelbar gegeben, dafs die Seelen (Uhana) zu Geiftern (Akua) werden, indem die Seele eines Verftorbenen in den erften Tagen nach dem Tode in der unmittelbaren Nähe des Grabes oder Haufes bleibt und dann als fchreckendes Gefpenft gefürchtet wird. Zunächft wird es fich aber für uns darum handeln, das Verhältnifs der Seele zum Körper im Allgemeinen feftzuftellen.

Die Seele ift im ganzen Körper allgegenwärtig [18]), bevorzugt aber doch befondere Plätze, wie z. B. die Augen [19]), die geradezu als Sitz der Seele bezeichnet werden. Die volksthümliche Anfchauung ift nun, dafs jeder Menfch zwei Seelen befitzt, von denen die eine ftets an den Körper gebunden ift, während es der anderen frei fteht, nach Belieben den Körper zu verlaffen und umherzuftreifen, zu helfen oder zu fchaden. Diefe letztere, die Uhane ola, wird ganz befonders gefürchtet, wie es auch in der Natur der Sache liegt. Oft glaubt man, berichtet Baftian, einen Bekannten zu fehen, der indefs beim Näherkommen verfchwindet und fich dadurch als Seelengeift des Vermutheten erweift. Sehen die Kahuna (Priefter) die Seele eines Lebenden aufserhalb des Körpers umherwandeln, fo fuchen fie diefelbe zu greifen und pfropfen fie dann mit heiligem Gras (das für Geifter undurchdringlich ift) in ein Gefäfs auf. Der Menfch ift damit in ihrer Macht, da fie jeden Augenblick die Seele (Uhane), deren Fortzug ihm unbewufst ift, tödten können, und fobald es ihm mitgetheilt wird, beeilt er fich, feine Seele zurückzukaufen (»Zur Kenntn. Haw.«, S. 20). Obfchon die Seele als umherwanderndes Gefpenft fehr gefürchtet ift, fo nimmt mit der Zeit ihre fchädigende Kraft doch ab, fie verfchwindet fchliefslich völlig, wie die übrigen Geifter. Man nimmt dann an, wie derfelbe Gewährsmann bemerkt, dafs fie einen Führer gefunden habe nach dem unterweltlichen Reiche Milus, von wo es keine Rückkehr mehr giebt. Bisweilen indefs gefchieht es, dafs der Unihe pili oder Familiengott fich der Seele in den Weg ftellt, um ihr Fortgehen zu verhindern und zur Rückkehr in den Körper zu zwingen, fo dafs Scheintodte dann wieder aufleben, und andererfeits kommt es vor, dafs die eines folchen Schutzgeiftes (Unihe pili) bedürftige Familie die Seele eines geliebten Verwandten durch Gebet (Homana) feftbannt, fo dafs fie in der Nähe (bei Reliquien) zu bleiben hat und für Begeiftern gerufen werden kann. Unter den in Körpergeftalt abfcheidenden Seelen find befonders die gewaltfam Getödteten gefürchtet, die am wildeften umhertoben (»Oceanien«, S. 266).

Da fomit die Seele fich vom Körper löfen kann, fo bietet diefe Ifolirung für den Priefter, wie wir fpäter noch genauer fehen werden, die wirkfamften Handhaben, feine einflufsreiche Thätigkeit hier zu eröffnen. Es wurde fchon erwähnt, dafs die Seele von kundigen Zauberern gefangen und an ihrer Rückkehr in den Körper gehindert werden kann; die Anfchauung vollendet fich dann naturgemäfs in der auch bekanntlich fonft weit verbreiteten animiftifchen Vorftellung von der völligen Abforption der Seele, indem fie vom Gott gefreffen wird. Erft nachdem die vom Gott gefreffene Seele, wie Baftian fchreibt, in feinem Leibe gereinigt war, ging fie ins Po ein (auf Tahiti), aufser wenn bereits vor dem Tode die Reinigung durch längere Frauenenthaltung eingetreten war. . . . Die oberen Götter heifsen (auf Rarotonga) Kaitangata (Menfchenfreffer). Die Vorftellung des Effens führt auf die Excremente, die bei den Maori der ins Jenfeits verirrten Seele angeboten werden. . . . In der Wiedergeburt kann das Neugeborene als Götterkoth (auf Samoa) gefafst werden, und bei der Verknüpfung in der Ahnenfeite kann die, auch von den Schamanen gleichfalls erlangte Unterftützung in den Oromatua Polyneficns dauernd auch als Atua im Dämon (Ti) der Seele (als ihr Folgegeift) zugefügt werden, zum Schutzhort, der, wenn in Geftalt der Thiere erfcheinend, dann deren Effen verbietet, weil fonft mit Krankheiten ftrafend, deren Abwehr von ihm erhofft*) (»Zur Kenntn. Haw.«, S. 46). Die Vorftellung von blutigen Kriegsgöttern, wie in Mexico und anderwärts, verbindet fich mit diefer uralten, volksphyfiologifchen Animiftik ganz naturgemäfs. Diefe Seelenwanderung mufste auch für die Kinder ihre Anwendung erfordern, weshalb man ihnen eine gute Behandlung**) zu Theil werden zu laffen befliffen war. Wenn die abgefchiedene Seele (auf Rotuma) in einen Lebenden zurückkehrte, mochte ein Verwandter in dem Neugeborenen erkannt werden (wie in Afrika und fonft bei Seelenwanderungen), aber die (in Samoa) vor Froft fchaudernde Seele wurde gefürchtet, als Unbeftattete aus Po-kino auf Mangareva, wo man deshalb die Seele nach Po-rotu zu leiten fuchte, in den Gefängen der Leichenfeier. In Tahitis friedlichem Zufammenleben wachten über Glück und Eintracht der Familie die Oromatua als Ahnen (Tupuna der Maori) oder als die Geifter der durch Liebesbande angezogenen Verwandten, wogegen die Seelen der Kinder, welche noch keine Anhänglichkeit gewonnen, als tückifche gefürchtet werden, befonders wenn etwa bei der Geburt getödtet. ... Am bösartigften mufste die Seele embryonaler Keime fchrecken, und fo ficherten fich die Frauen gute Behandlung

---

*) Sichtlich ift hierbei diefelbe animiftifche Idee wirkfam wie im indianifchen Totemismus.

**) Wogegen freilich der durch religiöfe Satzung bei den Aréois geforderte Kindermord fehr grell und blutig abfticht.

feitens der Männer durch die Drohung, in Beleidigung einer Kinderfeele (einer Präexiftenz für den zukünftigen Homunculus) diefe zu reizen. Um fo dankbarer wurden deshalb Zeichen des Wohlwollens aus dem Jenfeits aufgenommen, und wenn der Todte fich in der Geftalt des als Schutzgeift heiligen Thieres zeigte, fand er liebevolle Pflege und freudige Begrüfsung, wenn auch mit Thränen gemifcht (auf Tahiti) [Baftian, Zur Kenntn. Haw., S. 50] [20]. Ja, man fuchte die Seelen todtgeborener Kinder als Schutzgeifter für die Familie zu gewinnen, wie Rienzi erzählt: »Certains insulaires, adorateurs des requins, jettent à la mer le corps de certains enfants mort-nés, avec certaines offrandes, dans l'espoir que l'âme du défunt, passant dans celle du requin, deviendra un puissant protecteur pour toute la famille, près de ces redoutables poissons. Des prêtres veillent à toutes ces offrandes devant les temples du dieu, et annoncent avec de grands cris, aux parents l'instant, où la transmigration a dû s'operer« [»Océanie«, II, 34] [21]).

Das letzte Glied in der Kette der Vorftellungen über das Schickfal der menfchlichen Seele bildet die hawaiifche Anficht vom Paradiefe oder, um gleich den zutreffenden Ausdruck zu gebrauchen, von Reinga einerfeits und Milu, der Unterwelt, andererfeits. Wie leicht verftändlich ift hierbei die mythologifche Phantafie ganz befonders gefchäftig gewefen, diefe Verhältniffe möglichft anfchaulich und eingehend zu fchildern. Wir können uns, zumal das zuftändige Material aus den entfprechenden religiöfen Ueberlieferungen anderer Völker genügend bekannt ift, auf das Nothwendigfte befchränken. Um nach Reinga, in welchem es für die verfchiedenen Entwickelungsſtufen dementſprechend verſchiedene Abtheilungen gab, zu gelangen, hatten die Seelen, wie Baſtian berichtet (die am Nordcap unter Sturmesgebrauſe vom Springſtein ins Meer geſprungen waren), den Flufs Waioratane zu paſſiren, wenn ſie nicht vom Hüter der Brücke herabgeſtofsen wurden. . . . Die Seele flog zu den Hügeln, welche den See am Reinga umgeben, und wenn von den Verwandten unter den Abgeſchiedenen erkannt und zugewinkt, kam ſie herab, um mit ihnen nach der Art des irdiſchen Lebens zu wohnen. Dann folgt der zweite Tod, wenn die Seele, durch eine enge Schlucht paſſirend, die beiden Wächter, die ſie zu prüfen und tödten ſuchten, vermeiden mufste, und ſchliefslich gelangte ſie zum Po, dem Aufenthalte der vergötterten Ahnen und Götter, oder kehrte nur als eine Fliege auf die Erde zurück (»Oceanien«, S. 211.) Hier erfolgen nun verſchiedene Prüfungen und Läuterungen, bis ſie in völliger Abſchwächung als Wurm zur Erde zurückkehrt. Betreffs Tonga wird überliefert, dafs die Häuptlinge (die Egi) einen beſonderen Platz Bolotu als Walhalla beanſpruchten, wo die in voller Jugendkraft dem Leben Entriſſenen und die auf dem Schlachtfelde Geſtorbenen ihre Feſte feiern (vergl. »Zur Kenntnifs Hawaiis«, S. 54). »Die Häuptlinge gingen nach dem Tode zum Gott Kanonohiokala (Augenball des Tages), in der Sonne lebend. Die Seelen des Volkes gingen zur Unterwelt Milu's (dem Reiche des Fürſten des Nachtdunkels), die der Häuptlinge dagegen zur Sonne oder nach den mythiſchen Infeln Aina-huna o Kane (das geheimnifsvolle Land Kanes), die ſich zuweilen fern im Weſten mit Coersbäumen zeigten, aber nie erreicht werden konnten. . . . Die Seelen der Schlechten

gehen in die Unterwelt zur Göttin Milu, während die
Guten (eine abweichende Verfion) auf der Erde verbleiben. Neben Milu fand fich Wakea in der Unterwelt am Bufsorte« (»Oceanien«, S. 256). Während im
Reiche Milus eine lärmende, ausgelaffene Fröhlichkeit herrfcht, geht es bei Wakea ftill und gemeffen
zu: »Im Reiche Milus (des Akua-huhu oder tollen
Gottes) verfammeln fich allnächtlich in feinem Palafte
die Akua aus allen Theilen der Welt, um fich an
lärmenden Spielen zu ergötzen, während Wakea (der
Aku-olu-olu oder milde Gott) in feinem tabuirten
und deshalb der grofsen Menge unzugänglichen Reiche
in ftiller Ruhe zurückgezogen lebt, allen wilden Spielen
abhold. Milu begründet fein unterweltliches Reich
als Mann aus dem Volke, während Wakea erft
fpäter, nachdem er auf der Erde als Fürft geherrfcht
hatte, hinabftieg und einen befonderen Platz für fich
abgrenzte. Wakea oder Akea, mit höherem Tabu
begabt, befitzt gröfsere Macht als Milu, und kann
denfelben unter Umftänden hindern, zu tödten«
(»Oceanien«, S. 266). Auch ift nicht unter allen Umftänden eine Rückkehr auf die Oberwelt ausgefchloffen,
wie aus dem folgenden Erlebnifs eines Häuptlings hervorgeht, das in einigen Zügen an Orpheus und Eurydike erinnert: „Als der über den Tod feiner Frau
(in Hawaii) betrübte Häuptling fich an feinen Priefter
wandte, gab diefer ihm den Kane-i-kou-alii (Gott
der Häuptlinge) genannten Gott als Führer in Milus
unterirdifches Reich. Am Weltende auf einen Baum
gelangend, fpaltete fich diefer, fo dafs fie in die Tiefe
hinabglitten. Dort verbarg fich der Gott hinter einem
Felfen und liefs den Häuptling allein vorangehen,
nachdem er ihn mit einem ftinkenden Oel befchmiert

hatte. An den Palaſt Milus angelangt, fand er den ganzen Hof deſſelben mit lärmenden und tobenden Akua angefüllt, fo in ihre Spiele vertieft, daſs er ſich unbemerkt zwiſchen die Menge miſchen konnte, und zwar um fo leichter, weil die Nächſtſtehenden eine neuangekommene Seele (Uhane) vor ſich zu haben glaubten und ſich unwillig abwandten, mit höhniſchen Bemerkungen über das zu lange Verweilen beim verweſenden Körper dieſes Akua-pilau (ſtinkenden Geiſtes). Als nach allerlei Spielen ein neues ausgedacht werden ſollte, ſchlug der Häuptling vor, daſs ſich alle die Augen ausreiſsen ſollten, und dieſe auf einen Haufen zuſammenwerfen. Dies gefiel, und jeder war raſch dabei, doch hatte der Häuptling genau acht, um aufzumerken, wohin die Augen Milus fielen, ſo daſs er dieſe im Fange aufgreifen und in ſeinem Kokosnuſsbecher (Punia) verbergen konnte. Da alle blind waren, gelang es ihm, nach dem nahegelegenen Reiche Wakeas zu gelangen, das (als der für Häuptlinge beſtimmte Platz in der Unterwelt) gegen die Heerſcharen Milus tabuirt iſt und von dieſen nicht betreten werden darf. Nach längeren Verhandlungen (unter dem Schutze Wakeas) erhielt Milu ſeine Augen nur unter der Bedingung zurück, daſs er die Seele (Uhane) der Frau auslieferte und dieſe auf die Oberwelt zurückgebracht wurde, mit dem Körper wieder vereinigt" (a. a. O. S. 265). Von einem Scheintodten, deſſen Seele eine Zeit lang in der Unterwelt verweilte, ſtammen auch genauere Nachrichten über Milu's Reich, das, im Gegenſatze zu dem ſpäter begründeten Wakea's, von Anfang der Dinge an beſtanden zu haben ſcheint: Das Land iſt fruchtbar und flach, auch einigermaſsen erhellt, und Alles wächſt dort von felbft, fo dafs in Milu's Palafthofe Gelegenheit zu aller Art Ergötzungen geboten ift²²). Milu ift nicht mit einer beftimmten Frau verheirathet, wählt fich aber ftets die fchönften unter den weiblichen Seelengeiftern, fobald fie dort anlangen, für fich aus, und diefe bleiben dann für die übrigen Akua tabuirt. Die Seelen leben dort in demfelben Zuftande fort, in welchem fie den Körper verlaffen haben, die der Jungen (alfo befonders die in der Schlacht Gefallenen) kräftig und ftark, die der im Bett durch Krankheit Verftorbenen dagegen fiech und fchwach, wie die der Alten. [a. a. O. S. 264]*).

Anhang.

Religiöfe und fociale Verhältniffe.

(Cultus, Geheimbünde, Priefterklaffen, Tabu etc.)

Auch für diefes Kapitel können wir uns nicht auf eine detaillirte Ausführung aller Einzelheiten einlaffen, fondern wir werden auch hier wieder auf die betreffenden genaueren Specialarbeiten verweifen; andererfeits würden wir eine bedenkliche Lücke in unferer Darftellung laffen, wenn wir nicht noch einige Punkte zur Sprache brächten, befonders das fo mächtig entwickelte Priefterkönigthum. Betrachten wir zunächft die Stellung und Bedeutung des Priefters.

Der einflufsreichfte Priefter, oder mit bekannter Bezeichnung Hohepriefter genannt, oder auf Hawaiifch Kahuna nui, war ftets ein Sprofs der Familie Paao, hier vererbte alfo die Würde von Vater auf Sohn, die übrigen Familienglieder begleiteten den Häuptling.

---
*) Vergl. die umfaffende Zufammenftellung bei Baftian, Allerlei aus Volks- und Menfchenkunde, 1, S. 109 ff.

Die älteste Priesterklasse stammte freilich, wie Bastian berichtet, aus der Familie Mauis, von Maui-hope, jüngstem Kinde Hinas, aber sie war zurückgedrängt durch den Priester Paao, der, an der Nordwestküste Hawaiis landend, den Heiau von Mokini (nebst Zufluchtsstätte) baute (mit Hilfe der Po oder Nacht), indem die Stämme von allen Seiten herbeigebracht wurden (»Zur Kenntnifs Hawaiis«, S. 6). Von diesen eigentlichen Priestern, die wesentlich rituelle und freilich auch politische Functionen ausübten, sind zu unterscheiden die Hoki oder Kaioa als Sänger, welche die traditionellen Gesänge und Lieder bei festlichen Gelegenheiten vorzutragen hatten, von denen manche allerdings auch geheim gehalten wurden, sowohl aus religiösen, wie auch schwerwiegenden rechtlichen Gründen (vergl. Bastian, Oceanien, S. 235). Aufserdem stellt man die Propheten (Kaula) wohl den Sterndeutern (Kilo) gegenüber, die ebenfo (aus sehr naheliegenden Gründen) ihre Wissenschaft von Vater auf Sohn vererbten. Während der Kilo (bemerkt Bastian) die Sterne und Wolken beobachtet, sucht der Kaula die Seelen, und sein Blick durchdringt Alles, die Tiefen der Erde wie der See (für verborgene Schätze). Wenn ein Häuptling verborgen ist, erkennt der Kaula den Ort durch den Regenbogen, der sich auf den Platz des Häuptlings niederläfst (»Zur Kenntn. Haw.«, S. 8). Die Aufnahme von Zöglingen war an bestimmte Vorschriften geknüpft, wie sie überall auf Erden vorkommen, Beschneidung, Kahlscheren des Kopfes, Fasten, Uebernahme anderer Gelübde, besonders in geschlechtlicher Beziehung u. s. w. Die Beschneidung, welche in Hawaii auf Lua Nuu zurückgeführt wird, den Zehnten in der Abstammung von der grofsen Fluth an gerechnet, wird von Fornander wieder ausgebeutet, um den von ihm so lebhaft verfochtenen arabifch-cushitifchen Connex mit Polynefien wahrfcheinlich zu machen [28]). Was nun die Functionen der Priefter anlangt, fo verfteht es fich von felbft, dafs ihnen das ganze Gebiet des Cultus zufiel, der Bau von Tempeln und Zufluchtsftätten (vergl. das Detail bei Baftian, Zur Kenntn. Haw., S. 8 ff. und »Oceanien«, S. 237), unter genau vorgefchriebenen Ceremonien (bei denen auch Menfchenopfer nicht zu fehlen pflegten), die religiöfe Ueberwachung der ihnen Anvertrauten, ihre Hilfeleiftung in Krankheits- und Todesfällen, der Erlafs eines Tabu, endlich die Einfetzung von Häuptlingen etc.

In der That, es gab kaum irgend eine Angelegenheit des öffentlichen und privaten Lebens, die nicht ihrer Fürforge unterftellt gewefen wäre, ja in einigen Beziehungen griffen ihre Privilegien, wie Moerenhout ganz richtig bemerkt, noch über die des Häuptlings hinaus*). Doch pflegten fich, wie auch anderwärts, der Adel und Klerus keine gegenfeitige Concurrenz zu machen, vielmehr war es üblich, dafs einige unter den höheren Prieftern der Ariftokratie angehörten, fo dafs dadurch fich fchon ihre weitreichende politifche Macht erklärt, die der Bedeutung der Könige faft gleichkommt**). Wie die Gewalt der Herrfcher eine

---

*) »Les prêtres possédaient encore des prérogatives dont ne jouissaient pas même les principaux chefs, comme la polygamie, établi en leur faveur.... Ils vivaient aussi riches et pourvus abondamment de tout ce qui c'était nécessaire à la vie.« (I, S. 476.)

**) Vergl. Moerenhout, I, S. 475: »Jaloux de leur autorité les premiers d'entre eux appartenaient toujours à la haute aristocratie et jouissaient d'un pouvoir presqu'égal à celui des rois ou des chefs suprêmes.

nach Lage der Dinge völlig unumfchränkte war, und diefem kraffen Feudalismus gegenüber das niedere Volk in harter Knechtfchaft fchmachtete, fo feft gefügt war im Ganzen auch diefer Bau der polynefifchen Hierarchie, die Moerenhout ganz zutreffend mit einer Theokratie vergleicht: »La puissance sacerdotale était aussi très-considérable, et quoique les prêtres ne siégeassent pas dans les conseils, et ne prissent que rarément part aux discussions politiques, ils n'en étaient pas moins rédoutés des chefs; car considérés comme ils l'étaient par le peuple, les chefs n'auraient osé les traiter avec rigueur, tandisque leur ministère leur fournissait mille moyens de nuir aux chefs politiques. . . . Il n'était pas rare, de voir les fonctions sacerdotales et administratives réunies sur la même tête, de manière à donner au gouvernement le caractère d'une véritable théocratie« (II, 10). Ja, es konnte vorkommen, dafs bei Conflicten mit der bürgerlichen Rechtsordnung die Priefter dem Verfolgten eine Freiftatt anwiefen, wo er vor jeder weiteren Schädigung gefchützt blieb, wenigftens für beftimmte Tage des Jahres *).

Eine der wichtigften Handhaben aber für die Befeftigung ihrer unumfchränkten theokratifchen Stellung befafsen die polynefifchen Priefter in der rückfichts-

---

*) Fornander weift diesmal die cushitifche Beziehung ab, indem er auch die anderen Analogien in Griechenland zu Hülfe nimmt I), S. 118); das Detail bei Rienzi, der übrigens auch die Parallelen mit Rom und Avignon, die gleichfalls als Zufluchtsörter gegolten, anführt: »Quelques jours passés dans ces lieux de réfuge suffisaient pour effacer les infractions aux lois civiles. La fin de la guerre mettait un terme au séjour des prisonniers. Une fois sortis, aucun n'avait droit sur les fugitives, quelque pussent les crimes dont on les accusât. (II, S. 24). Endlich vergl. Baftian, Zur Kenntn. Haw., S. 32.

lofen Ausnutzung des Tabu. Schon Chamiffo war diefe Inftitution aufgefallen, indem er fich fo äufsert: "Der Vorgänger Tameiameia auf Owaihi war dergeftalt Tabu, dafs er nicht bei Tage gefehen werden durfte. Er zeigte fich nur bei Nacht; wer ihn bei Tagesfchein zufällig nur erblickt hätte, hätte fofort fterben müffen, ein heiliges Gebot, deffen Vollftreckung nichts zu hemmen vermag« (Werke II, 310). Das Tabu erftreckte fich fchrankenlos auf alle religiöfen und focialen Beziehungen des Volkes, und fchon deshalb ift es begreiflich, wenn fich der Klerus und Adel diefes despotifchen Mittels gern bediente, um die Kluft zwifchen ihnen und dem gemeinen Manne möglichft zu erweitern. Seiner Natur nach ift es in der Hauptfache negativ, befteht in Verboten z. B. beftimmter Speifen, Betreten von heiligen Orten, Heilighaltung beftimmter Zeiten etc.; fo gab es in jedem Monat vier folcher Kapu-Nächte. Ja, es erftreckte fich auf die fcheinbar geringfügigften Handlungen, fo, wenn Baftian erzählt, wurde die Frau, die am Kapu-Tage Zeug verfertigte, getödtet, ebenfo wer heimlich den Tempel verläfst vor Beendigung des Gottesdienftes, oder wer am Kapu-Tage Befuche abftattete (»Zur Kenntn. Haw.«, S. 36 und 37). Fornander fucht einen Unterfchied zwifchen den religiöfen und focialen Tabus zu begründen; urfprünglich aber find beide Sphären fo fehr mit einander verwachfen, dafs diefe Scheidung höchftens für fpätere Zeiten, die eine ganz willkürliche Behandlung deffelben geftatten, zuläffig ift. Seine Anficht ift folgende: »It was a body of negative commandments: Thou shall not do this, that or the other thing under penalty, binding on the consciences of the people. The meaning of this word is ‚sacred, prohibited, set apart·, whether referring to religious or civil matters. The religious tabus relating to rites, observances, public worship and the maintenance of the gods and their priests were well known, comparatively fixed in their character and the people brought up from childhood in the know legde and observance of them. But the civil tabus were as uncertain and capricious as the mind of the chief, priest or individual who imposed them on others or on himself and his family. However much the Kapu-system may in after ages have been abused, it no doubt was originally a common law of the entire Polynesian family for the protection of persons and things, an appeal to the gods for punishment of offenders where human vigilance failed to detect them or human power fell short of reaching them. The universality of the Kapu within the Polynesian area, without referring to the positive declarations of particular legends, makes it beyond a doubt that the Polynesians brought it with them, from their former abodes in the west, and there traces are found of it« (I, 113). Auch Moerenhout, der das Tabu das geschickteste und mächtigste Mittel nennt, das je priesterlicher Betrug und politischer Despotismus ersonnen, kann doch nicht umhin, zu gestehen: »Le Tabou était la seule police de ces îles, et quoique, le plus souvent, il ne frappât que pour satisfaire aux caprices et conformément aux vues politiques des chefs, il avait aussi pourtant quelquefois pour but le bien de la communauté« [I, 531]*). Besonders schwer litten

---

*) Aehnlich Rienzi, II, S. 39, der eine ursprünglich religiöse Bedeutung des Tabu annimmt, die sich dann im Laufe der Zeit auch auf das sociale Gebiet übertragen habe [24].

die Frauen unter dem Drucke des Tabu, wie sich das aus dem Charakter einer barbarischen Lebensanschauung von selbst erklärt; ja selbst das Fleisch der werthvollsten Thiere und der Genuss bevorzugter Früchte und Pflanzen war ihnen, wie A. v. Chamisso mittheilt, unterfagt. Andererfeits war es, unter Beobachtung der rituellen Formen, aber auch möglich, den Bann des Tabu aufzuheben (was gewöhnlich mit geräuschvollen Festlichkeiten verknüpft war), wie Baftian berichtet: »Um sich selbst und das Dorf von dem Tabu zu befreien, wirft der Tohunga (Priester) einen aus dem für die Götter bestimmten Hangi oder Ofen heiss genommenen Stein durch seine Hände, um ihn dann wieder hineinzulegen und das Tabu im Kochen der Speise auf diese zu übertragen, die durch die Götter gegessen wird, im Aufhängen in einem Korbe am Baume (bei den Maori), und in gegenseitiger Eidesbindung (wie bei Sicyon) oder Taufchhandel (bei Plato) sacramentale Mahle auch auf Erden (bis zu den Jagas, in Menschenfleisch)« («Zur Kenntn. Haw.«, S. 48).

Auch bezüglich dieser rituellen Anschauung darf man unseres Erachtens nicht sich, wie schon bei einer anderen Gelegenheit bemerkt, ein zu absprechendes Urtheil bilden, das von unstatthaften, hochentwickelten moralischen Principien ausgeht. Es versteht sich nach Lage der Dinge von selbst und wird durch alle einschlägigen Analogien unterstützt, dass es eben im Cultus zunächst nur auf die Erfüllung bestimmter, äusserlicher Pflichten ankommt, bei der **an und für sich** die innere Gesinnung, auf die **wir** das entscheidende Gewicht legen, gar nicht in Betracht kommt. Es handelt sich in erster Linie nur um eine äussere Observanz, nicht nur in diefem Falle, fondern (das follte man wohl bedenken) bei jedem Cultus fchlechthin. Die Differenz, die Moerenhout deshalb zwifchen Sittlichkeit und Religiofität bei den Polynefiern auffällt, ift eigentlich bei Lichte befehen eine durch das Verhältnifs jener Factoren geforderte; nur freilich fchwankt diefer Abftand je nach dem Stande der fonftigen geiftigen Entwickelung, ohne aber je völlig zu verfchwinden.

Die Erklärung des französischen Forschers lautet: »Les devoirs de l'homme envers les dieux étaient donc plutôt fastidieux que sévères et préjudicables, rien de plus facile que d'éviter et les offenser. Sacrifices aux temples, observance rigoureuse des rites et des ordonnances sacrées, attention continuelle ou soumission dans toutes les actions, c'était là tout ce qu'ils exigeaient impérieusement et le moindre oubli exposait les contrevans aux châtimens les plus sévères. Pour le reste, la conduite et les actions des hommes leur etaient absolument indifférentes« (I, 465).

Indem wir von den weiteren Functionen der Priefter beim Gottesdienfte, Bau eines Tempels, bei Veranftaltung von Feftlichkeiten*) etc. hier Abftand nehmen, müffen wir noch mit einigen Worten ihrer Wirkfamkeit in Krankheits- und Todesfällen gedenken, weil hierbei wichtige pfychologifche Anfchauungen zu Tage treten. Vor Allem ift auch hier der uralte, noch bis auf unfere Zeit fortwirkende animiftifche Gedanke von der Thätigkeit eines den Menfchen in Befitz nehmenden feindfeligen Dämon wirkfam; alle

---

*) Vergl. das Nähere bei Baftian, Zur Kenntnifs Hawaiis, S. 3 ff., S. 10 ff. und S. 29, und »Oceanien«, S. 235 und 274; aufserdem bei Moerenhout, II, S. 465 ff.

priefterlichen Manipulationen, die ganze Pathologie der Befeffenen (wie wir uns fehr treffend ausdrücken) läuft auf diefe mafsgebende Vorausfetzung hinaus, diefen böfen Geift entweder zu bannen und zum Ausfahren zu veranlaffen, oder gerade umgekehrt zur Befitzergreifung irgend eines Unglücklichen einzuladen. Auf diefer Bafis beruhen die Beifpiele, welche Baftian anführt: »Der Akua hoounauna wird durch feinen Kahu oder Diener (mit dem Kahuna) zum Einfahren gefchickt, um krank zu machen, wogegen der Akua noho, wenn er durch Gebete jemand befeffen hat, hervorfpricht und Wunder wirkt. Wird ein Todkranker zu einem Kahuna gebracht, fo fucht diefer deffen Akua noho und folcher kommt, wenn abwefend, auch rafch zurück, fo dafs der Kahuna bei der Ankunft des Kranken bereits von feinem Akua noho befeffen ift und fo augenblickliche Heilung (im Wunderwirken) ertheilt, indem der Akua noho den Akua hoounauna austreibt (im Fechten). — Der Kahuna hoounauna fchickte feinen Dämon, um durch Krankheit zu tödten (rafcher als durch Gebet).... Zu einem Kranken gerufen, prickelt ihn der Kahuna mit Bambusftacheln*), fo dafs der im Verborgenen fchlafende Dämon (der durch Betaften gefunden ift) unter Auffitzen des Kranken aufkommt und fpricht. Vom Kahuna befragt, fagt er, dafs er von feinem Diener (Kahu) ihm gefendet, weil eiferfüchtig auf den Reichthum feines Feindes, und erhält zum Weggehen Opferfpeife angeboten, nimmt fie aber erft, wenn Awa zugefügt ift. Dann fällt der Kranke wieder in Schlaf, gähnt aber auf (unter Zucken der Füfse) und der

---

*) Ebenfo »Oceanien«, S. 272; das Detail einer folchen Befchwörung »Oceanien«, S. 273.

Dämon (nachdem er die nöthigen Arzeneien angegeben) geht im Gähnen fort« [»Zur Kenntn. Haw., S. 22.]*) Oder: »Die Aerzte oder Kahuna lapa au mai (Künstler, um Krankheiten zu heilen) beteten zu Koleamoku, dem die Götter die Heilkunft offenbart hatten, und feinen zwei Schülern. Die Kahuna (Prieftcrärzte) auf Hawaii heilten mit Opfergaben, wenn die Seele des Erkrankten fortgenommen oder durch Steine zertrümmert war (durch Gebet). . . . Durch die Kuniahi (fiedendes Feuer) genannte Ceremonie wurden unter Ausfprechen von Zauberformeln über einem neben dem Kranken angezündeten Feuer die Urheber des Schadens vom Priefter erkannt« (»Oceanien«, S. 238). Es ift deshalb vortheilhaft, fich für alle Fälle eine möglichft ausgedehnte himmlifche Fürforge zu fichern: »Um möglichft gegen Krankheiten gefichert zu fein, ift es rathfam, foviel Götter, wie thunlich, zu verehren, da die durch reichliche Opfergaben zufrieden geftellten Akua fich wahrfcheinlich weigern würden, wenn man ihnen (feindlicherfeits) zumuthen wollte, einem treu erprobten Gaftgeber zu fchaden. Bei der Unmöglichkeit indeffen, alle Einzelnamen der unter Umftänden in Frage kommenden Akua zu kennen, ift es am Beften, eine allgemein zufammenfaffende Gebetsformel zu verwenden. . . . Wenn (bei gewünfchter Befragung in Krankheiten) der auf die als Haka (Sitzplatz) ausgewählte Perfon niedergeftiegene Wahrfagergeift fich als ein Kindergott manifeftirt, fo

---

*) Vergl. aufser Tylor, Anfänge der Cultur, I, S. 420 ff., und »Anthropologie«, S. 412 ff., Baftian, Beiträge zur vergleichenden Pfychologie, S. 115 ff., und »Die Seele indifcher und hellenifcher Philofophie in den Gefpenftern moderner Geifterfeherei«, befonders S. 97 und S. 189 ff., dann Andree, Ethnogr. Parallelen und Vergleiche, N. F., S. 1 ff.

müssen Bananen (wie für Kinder geeignet) und Brot dargebracht werden. Nachdem ihn der Dämon wieder verlassen hat, erinnert sich der Besessene an nichts von dem, was gesprochen wurde, da er meint, geschlafen zu haben. Diagnosticirt der Priester beim Betasten des Körpers den Akua-mano (oder Hai-Gott) als Ursache der Krankheit, so wird derselbe durch summendes Gebet besänftigt« (»Oceanien«, S. 272). Dafs geübte Zauberer es auch verstehen, die Seelen Lebender zu greifen*), um von ihnen geheime Aufschlüsse zu erhalten, wurde früher schon erwähnt.

Wie beim Austritt aus dem Leben, so ist auch beim Beginn desselben die Wirksamkeit und der Einflufs des Priesters ein weitreichender. Die Durchschneidung des Nabelstranges, die Beschneidung des Knaben, der Eintritt in einen Orden, Alles geschah unter priesterlicher Aufsicht und Leitung. »Bei dem Abschneiden des Nabelstranges wurde vom Vater ein Opfer gebracht (unter Anrufen der Götter Ku, Lono, Kane und Kanaloa) und ebenso bei der Beschneidung, nach welcher der Knabe einen Priester für religiöse Erziehung erhielt, und das bis dahin verbotene Schweinefleisch essen durfte. Es wurde dann für ihn ein Heiau (Tempel) gebaut, wo er (wenn frei von Fehlern erkannt) ein religiöses Leben führte und nur die dort in der Nähe gekochten Speisen essen durfte (»Zur Kenntn. Haw.«, S. 2). Ganz besonders festlich wurde der Tag begangen, wo das Kind nach seiner Entwöhnung aus dem Mutter- in das Vaterhaus über-

---

*) In diesen Zusammenhang gehört es auch, wenn Gill von Seelenfchlingen spricht, die bei Krankheiten auf den Inseln der Südsee an die Bäume gehängt werden (bei Bastian, Zur Kenntnifs Hawaiis, S. 66).

führt und der Obhut der vier grofsen Götter Ku, Lono, Kane und Kanaloa unterftellt wurde, Vorgänge, die unter dem Namen der Pubertätsweihe bekannt auf dem ganzen Erdenrunde, mit einem eigenartigen religiöfen Nimbus umkleidet find [vergl. das Detail in «Oceanien», S. 275] *). Auch übernahm gelegentlich wohl der Grofsvater diefe Pflicht, befonders wenn es galt, den Erftgeborenen zu weihen; dann fchlief er unter Uebernahme beftimmter Faftengelübde im Palmenhaufe, um am nächften Tage den zu ihm gefandten Knaben in den Myfterien der Religion zu unterrichten (vergl. Baftian, Zur Kenntnifs Hawaiis, S. 50).

Endlich ftanden den Prieftern erklärlicherweife für die Wahl und Einfetzung der Häuptlinge refp. des Königs bedeutungsvolle Rechte zu Gebote. Urfprünglich beftand, wie früher fchon erwähnt, auf Hawaii ein ftreng organifirter Feudalismus, der nur unerheblich befchränkt war durch einen Rath von Fürften oder Häuptlingen. Im Uebrigen war das Königthum erblich; beim Tode eines Familienhäuptlings kehrte das Eigenthum in die Hände des Königs zurück, der darüber nach freiem Ermeffen verfügte, d. h. es meift für fich in Anfpruch nahm (vergl. Rienzi, II, 42 ff.) **).

*) Vergl. Baftian, Zur naturwiffenfchaftlichen Behandlung der Pfychologie, S. 128 ff., und meinen Auffatz »Geheimbünde und Pubertätsweihen im Lichte der Ethnologie«, im »Ausland«, 1892, Nr. 34, S. 529 ff.

**) Rienzi nimmt dann für die fpätere Zeit folgende Dreitheilung der Stände an: 1. die Arii, Häuptlinge der Infeln und Diftricte, deren oberfter der König ift; 2. die unteren Häuptlinge, Krieger, Priefter, Eigenthümer u. f. w.; 3. endlich die Proletarier, d. h. welche von ihrer Hände Arbeit leben, und er fügt hinzu, es fei bemerkenswerth, dafs diefe Scheidung fich in ähnlicher Weife auf Tahiti und Tongo wiederholt. Die Arii hatten felbftredend den Blutbann; auf Mord, Aufftand und Diebftahl von königlichem Eigenthum ftand der Tod,

Die weit ausgedehnten Privilegien der Häuptlinge, der Aha-Alii, wurden natürlich eiferfüchtig gehütet, ja auch bei etwaigen Fehden unter einander wurden die Kinder nie zu Sclaven gemacht, obfchon der Häuptling felbft wohl, wenn er gefangen genommen wurde, den Göttern geopfert wurde. Aufserdem gab es auch innerhalb der ganzen Organifation einzelne Blutsverbindungen, durch welche fich zwei Jünglinge auf Leben und Tod einander gelobten und Treue fchwuren, ein Blutsbund, der nie fich löfte. Fornander bringt die Entftehung diefer Gefchlechteraffociation mit den Wanderzügen der Polynefier in Beziehung und will darin ein Bollwerk des einheimifchen Adels gegen fremde Ufurpatoren fehen, oder eine Grenzlinie zwifchen den Vornehmen und dem gewöhnlichen Volke [II, 30 ff.]*). Er fagt: »From this period dates the Aha-Alii, that peculiar organisation of the Hawaiian peerage, that zealous and watchful Committee on Nobility, before whom every stranger aspirant to its prerogatives and privileges must recite his Nana, his pedigree and conceptions, and whom no pretensions could dazzle, no imposture deceive. The obligation was imperative on the highest as well as the lowest chieftain when ever passing beyond his own district or island where personnally known, he visited a strange place or island where doubts might arise as to his identity« [II, 63] ²⁵). Der religiöfe Nimbus, wie er überall das urfprüngliche Priefterkönigthum umgiebt, kam hinzu, um die Krönung eines Fürften befonders feierlich und würdevoll erfcheinen

---

ebenfo auf Tabubruch und auf Ehebruch mit der Frau eines Häuptlings (vergl. II, S. 42 ff.).
*) Vergl. Baftian, Oceanien, S. 253.

zu laſſen. Wir entnehmen hier der ausführlichen Schilderung von Moerenhout nur einige Bemerkungen: »Les fêtes qui ce célébraient alors ne cédaient en rien, pour pompe et pour l'éclat relatifs, au sacre et couronnement des plus puissans de nos rois de l'Europe. A peine avait-on décidé l'établissement du nouveau chef dans l'exercise de ses fonctions, que l'on commençait à travailler au maro ourou, sorte de bandage de quatre à cinque ponces de largueur et très-long, orné des plumes les plus rares; et à un autre ornement de tête, nommé ta oumata, fait avec des feuilles de coco, entremêlées de plumes. Ces deux ornements, représentant le sceptre et la couronne des autres pays, comme insignes de l'autorité souvéraine, étaient gardés, nuit et jour, par un homme appellé Tiaïhiava; et les chefs de tous les districts devaient envoyer toutes les plumes rouges qui étaient en leur possession. Pendant qu'on travaillait à ces insignes de la royauté, plusieurs victimes humaines étaient offertes aux dieux. . . . Quand tout était prêt, on fixait le jour de la cérémonie; mais avant tout on portrait autour de l'île et l'on présentait à tous les Arii ou principaux chefs, deux pavillons, drapeaux ou bannières représentant les deux chefs, celui qui abdiquait et celui qu'on allait sacrer. Les recevoir, c'était reconnaître le nouveau chef; les refuser ou les déchirer, c'était lui refuser l'obéissance, ou en d'autres termes, lui déclarer la guerre« (II, 22 ff.)

Zum Schluſſe müſſen wir noch eines ſehr wichtigen und mächtigen Geheimbundes gedenken, der ſchon früher gelegentlich erwähnten Aréoi, die als Schutzpatron und Stifter Oro, Sohn Taaroa's, verehren. Baſtian entwirft folgende allgemeine Charakteriftik von ihnen: »Mit der Mythe von Oro verknüpft fich, wie die Niederfenkung der Gottheit in die irdifche Weiblichkeit, die Geheiminftitution der Aréois in mythifchen Graden freimaurerifcher Orden (wie auch bei den Egbo in Afrika), mit Anftrebung des Fortlebens und Wiederbelebung« (»Zur Kenntnifs Hawaiis«, S. 66)*). Da die Brüder Oro's, Orotetefa und Urutetefa mit zu den erften Gliedern des Ordens zählten und fich nicht vermählten, fo blieb es feitdem Gefetz für die Mitglieder, fich nicht zu verheirathen, refp. ihre Nachkommenfchaft zu vernichten. Diefe Ruchlofigkeit, verbunden mit anderweitigen·fittlichen Ausfchweifungen ift für manche Schriftfteller (fo z. B. für den ftreng dogmatifchen Ellis) die Veranlaffung gewefen, kurzer Hand über die ganze Organifation ein Anathema zu fällen**). So wenig die lafterhafte Lebensführung der Aréois vertheidigt werden foll, die durch den ganzen Archipel in der geräufchvollften Feftlichkeit zogen, um überall zu praffen und geradezu zu ftehlen, fo ift doch damit die fociale Structur viel zu oberflächlich geftreift, als dafs man fich mit einem folchen allgemeinen Urtheile beruhigen könnte. Ganz treffend erkennt vielmehr Moerenhout die frappante Aehnlichkeit der Organifation mit anderen Orden und Geheimbünden, z. B. mit den eleufinifchen Myfterien in Griechenland oder den Irisfeiern in Aegypten, und nennt den Bund ; une institution religieuse, établie dans les vues d'ordre

*) Vergl. das mythologifche Detail ebenda, S. 66 ff.; Ellis, I, S. 310 ff.; Moerenhout, I, S. 484 ff.

**) Schon die hohe fociale Werthfchätzung, in welcher, wie auch Ellis zugiebt (J, S. 321), die höheren Glieder des Bundes überall ftehen, ift ein Beweis dafür, dafs wir es hier·nicht lediglich mit einem verabfcheuenswerthen Zerfetzungsproducte zu thun haben.

et d'utilité, et qui ne devait point son établissement au hasard«; ja, er meint auch. »que chanter la création et les dieux fût un de leurs principaux objets«, und dafs ihr Cultus. ein Subeismus war oder die Anbetung des fichtbaren und belebten Univerfums (I, 499 ff.). Im Uebrigen darf man auch nicht vergeffen, dafs die oberen Stufen des Ordens fich von den Laxheiten und Exceffen der unteren Rangftufen durchweg fernhielten. Die ganze Affociation zerfiel in zwölf Grade oder Logen, denen je befondere Meifter präfidirten; abgefehen aber von diefen durchgehenden Unterfchieden gab es noch mehrere Abftufungen innerhalb der einzelnen Klaffen. Diefes demokratifche Princip wurde nur zu Gunften der oberften Häuptlinge durchbrochen, die fich nicht den Zutritt zu jedem befonderen Grade durch die vorgefchriebenen, häufig recht harten Prüfungen zu erkaufen hatten; bei ihnen vereinigt fich ganz von felbft das religiöfe Moment mit dem focialen, während bei den anderen Stufen zunächft immer der animiftifche Gedanke von der Befitzergreifung und Infpirirung feitens des Gottes Oro mafsgebend ift. Auch das mufs hervorgehoben werden, dafs auch Frauen der Zutritt nicht verwehrt war, obgleich es andererfeits erklärlich ift, wenn die Bedeutung des ftärkeren Gefchlechtes eine nennenswerthe Concurrenz derfelben nicht aufkommen liefs. Und wie das Volk ihnen rückhaltlos eine fehr weitgehende Verehrung zukommen liefs, fo verblieb ihnen auch diefe hervorragende Stellung im fpäteren Leben. Als Lieblinge der Götter war ihnen das Elyfium vorbehalten, eine lockende Fülle der ausgefuchteften Genüffe. Bei dem Tode eines Aréoi der höheren Grade wurden eine Reihe grofser Feftlichkeiten eröffnet, die mit einer fymbolifchen Handlung fchloffen, dafs die Seele des Betreffenden wieder zum Gott Oro zurückgekehrt fei, während fein Körper wie der eines gewöhnlichen Mannes begraben wurde [26]). Endlich ftimmt gleichfalls die fchon früher erwähnte Analogie mit den fonftigen Myfterien, dafs die Aréois bei ihren Verfammlungen religiöfe Gefänge recitirten und dramatifche Schaufpiele, wefentlich mit mythologifchem Hintergrunde, aufführten, und es wird verfichert, dafs fie es hierin zu einer anerkennenswerthen Vollendung gebracht hatten [27]). Dazu kommen dann noch Schauftellungen und Beluftigungen niederen Genres, wie Gladiatorenkämpfe etc., mit anderen Worten, die Aréois wufsten durch die Anwendung der verfchiedenartigften Mittel ihre hervorragende fociale Stellung für alle Schichten des Volkes zu bewahren. Wie überall, fo erwies fich auch hier das Priefterkönigthum ftärker und tiefer begründet als die einfache bürgerliche Gewalt des focialen Lebens; es fehlt diefer letzteren eben der fo ungemein wichtige und bekanntlich bis auf unfere Tage noch nicht verblafste Nimbus des Uebernatürlichen und Geheimnifsvollen, der für die animiftifche Weltanfchauung des gewöhnlichen Volkes fchlechterdings unentbehrlich ift.

Anmerkungen.

[1]) Vergl. dazu die Ausführung von A. Fornander in feinem ausgezeichneten dreibändigen Werke »An account of the Polynesian race, its origin and migrations« (London 1878 ff.), deffen Werth nur durch die feltfamen Conftructionen eines angeblich cushitifchen Einfluffes auf die Bewohner der Südfee gefchmälert wird. Es handelt fich hier fpeciell um das Verhältnifs der babylonifchen und hebräifchen Legende

zur polynefifchen Ueberlieferung: »This chaos idea among the Polynesian tribes bears a striking relationship to the old Babylonian and Hebrew accounts of the Genesis of the world. Every reader knows the second verse of Genesis: And the earth was without form and void; and darkness was upon the face of the deep. And the Spirit of God moved upon the face of the waters. The Tahitian Tino Taata who floated on the surface, may be the original or the copy of the Hebrew legend. The Babylonian legend, according to Berosus, states that there was a time in which there existed nothing but darkness and abyss of waters, and according to the cuneiform inscriptions collected and translated by Mr. G. Smith, Tiamat, the spirit of the sea and chaos, was selfexistent and eternal, older even than the gods, for the birth or separation of the deities out of this chaos was the first step in the creation of the world. The Chaldean legend refers to a time

When above were not raised the heavens,
And below on the earth a plant had not grown up,
The abyss also had not broken open their boundaries,
The chaos (or water) Tiamat (the sea) was the producing mother of the whole of them.
When the gods had not sprung up, any of them,
A plant had not grown and order did not exist.

The Hebrew legend infers that the gods, Elohim, existed contemporaneously with and apart from the chaos. The Marquesan legend makes the great god of all, Atea, the light, evolve himself from out of darkness, Tanaoa, the ruler of chaos, and from Atea sprung the next great god, Ono or sound. The Hawaiian legend makes the tree great gods, Kane, Ku and Lono, light, stability and sound, evolve themselves out of chaos, Po. The Babylonian legend makes the two gods Lahnuu and Lahanu, the male and female personifications of motion and production, issue from chaos, followed by the gods Sar and Kisar, representing the upper and lower expanse, which four deities, however, appeare to be mere abstractions, and were followed by the first actual, personal gods Anu, Elu or Bel, and Hea, representing heaven, earth and the sea, the Babylonian triad, corresponding to the Hawaiian triad, as the first real creators and organisers of the universe« (I, S. 67 ff.).

²) Fornander, I, S. 63: »The extract of the legend reads thus: In the beginning there was nothing but the god Ihoiho; afterwards there was an expanse of waters which covered the abyss, and the god Tino Taata floated on the surface.... Ihoiho has certainly the meaning of the manes, ghosts or remains of the dead, and in the legend was probably a trope expressive of a dead and perished world, the wreck of which was covered by water; and the god Tino Taata, which I think M. de Bovis correctly renders by the divine type or source of mankind, floated on the waters.«

³) Fornander, I, S. 95: »We know that the story of the Flood spread from Ur of thee Chaldees to the shores of the Mediterranean and doubtless different versions of it obtained among the intervening nations of Aramians and Hitties, though their accounts of it are now lost to us. It is therefore extremely probably, that similar versions, variously coloured, found their way southward to Arabia and eastward to Persia and the early homes of the Arian nations; the more so, as from the earliest times the ancient Chaldea was designated as the Kiprat-Arbat, ,the four nations', or Arba-lisun, ,the four tongues', which Rawlinson in his ,Five Great Monarchies of the Ancient Eastern World', I, S. 55, intimates to have consisted of the Cushite, Turanian, Semitic and Arian elements, among whom the Cushites preponderated in influence. I have just shown that the Polynesian version of the Flood was probably not dereived from either Chaldee or Hebrew originals, at least such as we now have them; nor viewing the state of the Arian legends relating to the Flood, is there the slightest likelihood that it was dereived from that quarter. Unfortunatly we have no well-preserved account of the Flood from the Cushite-Arabian quarter; but J am inclined to consider the Polynesian version as originally representing the early traditions on this subject among the Cushite-pre-Joklanite Arabs, whose sway and whose culture extended over India and the Archipelago, and in so far concurrent in time, equal in authenticity, and equally deserving of consideration, with the Chaldee and Hebrew accounts.«

Ellis, der von feinem dogmatifchen Standpunkte überall eine unmittelbare Uebertragung und Entlehnung aus dem hebräifchen Texte vermuthet — obfchon er nicht umhin kann, das hohe Alter der polynefifchen Sage anzuerkennen - äufsert fich folgendermafsen: »The memorial of an universal deluge, found among all nations existing in those communities, by which civilisation, literature, science, and the arts have been carried to the highest perfection, as well as among the most untutored and barbarous, preserved through all the migrations and vicissitudes of the human family, from the remote antiquity of its occurence to the present time, is a most decisive evidence of the authenticity of revelation. The brief yet satisfactory testimony to this event, preserved in the oral traditions of a people secluded for ages from intercourse with other parts of the world, is adapted to furnish strong additional evidence that the scripture record is irrefragable. In several respects the Polynesian account resembles not only the Mosaic, but those preserved by the earliest families of the postdiluvian world, and supports the presumption that their religious system had descended from the Arkite idolatry, the basis of the mythology of the gentile nations« (Polynes. research., II, S. 61 ff.). Ueberhaupt urtheilt er im Ganzen fehr hart über die ganze mythologifche und religiöfe Anfchauung der Polynefier (vergl. befonders II, S. 190), was ihm freilich einerfeits als proteſtantifchem Miffionar nicht fo fehr zu verübeln iſt, andererfeits darin feinen Grund finden mag, dafs ihm manche der tieffinnigſten Dichtungen unbekannt waren. Viel umfichtiger urtheilt der nicht durch religiöfe Parteiſtellung voreingenommene, durch langjährigen Aufenthalt auf den verfchiedenſten Infelgruppen der Südfee mit allen Verhältniffen wohl vertraute Generalkonful der Vereinigten Staaten J. A. Moerenhout in feinem werthvollen Werke Voyages aux îles du Grand Océan« (2 Bde., Paris 1837). Nachdem er einige Analogien in der Heldenfage, Kämpfen der Riefen u. f. w. zwifchen den Polynefiern und Griechen befprochen, fährt er fo fort: »Mais ce qu'il y a de plus curieux, c'est leur description d'un déluge qu'ils placent comme tous les autres peuples du monde, à la suite de leur système cosmogonique et théogonique, et qui, s'il a vraiment existé quelque part, pourrait bien avoir eu lieu dans cette partie du globe, où sur une si immense étendue d'Océan, on ne trouve plus que ça et là quelques points ou faibles parties de ce qu'ils prétendent avoir été anciennement une grande terre.... Tous disaient aussi que la mer, sortie de son lit et montée jusqu'au sommet des plus hautes montagnes, occasionna la destruction de leur terre, sans que, nulle part, il soit question des eaux pluviales. Dans cet événement ils eurent aussi leurs Noé, dont les uns se sauvèrent sur des pirogues, tandis que d'autres, protégés par les dieux, trouvèrent leur salut sur quelques points de la terre, où les eaux n'arrivèrent pas« (I, S. 570).

4) Andere Analogien find: »The Aina wai Akua a Kane or as it is more generally called in the legends, Aina waiola a Kane, the living water of Kane, is frequently referred to in the Hebrew folklore. According to the traditions this spring of life or living water was a running stream of overflowing spring, attached to or enclosed in a pond. It was beautifully transparent and clear. Its banks were splendid etc. The notion of a fountain of life is very old and its origin and its reason d'être are lost in the gloom of pre-historic times. The earliest allusion to it no known is found in the Idzubar legends of the Chaldea, where Ninkigal, the goddess of the regions of the dead, tells her attendant Simtar to pour the water of life over Ishtar and restore her to life and health and the company of the gods« (I, S. 78). Sodann das Effen der verbotenen Frucht: »Among other adornments of the Polynesian paradise the Kalaua i Hanaloa, there grew the Ulu kapu a Kane, the tabued bread-fruit tree, and the Ohia Hemolele, the sacred apple-tree. The priests of the olden time are said to have held that the tabued fruit of these trees were in some manner connected with the trouble and death of Kumu-honua and Lalo-honua, the first man and woman, and hence in the ancient chants the former was called Kane Laa-uli, Kumu-uli, Kulu-ipo, the fallen chief, he who fell from, by or on account of the tree, the mourner etc. or names of similar import« (I, S. 74). Aehnlich betreffs des für reli-

giöfe Weihungen und Handlungen gebrauchten Weihwaffers: »Among the many Polynesian customs which they brought with them on entering the Pacific and which serve as links long lost or overlooker in the ethnic chain that binds them to the Cushite and Arian races, may be mentioned the preparation and use of sacred or holy waters. From New Zealand to Hawaii the custom prevailed and its efficacy was believed in. The origin and explanation of the custom in thus given in the Hawaiian Kumu-honua legend: The Ocean, Ka moana nui a Kane, which surrounds the earth, was made salt by Kane, so that its waters should not stink, and to keep it thus in healthy and uninfected state is the special occupation of Kane. In imitation of Kane therefore the priests prepared waters of purification, prayer and sanctification. . . . The use of these holy waters was of the highest antiquity and universal throughout Polynesia. It was a necessary adjunct in private and public worship, a vademecum in life, a viaticum in death and even now, fifty years after the introduction of Christianity in these Hawaiian islands, there are few of the older people who would foregoe its use to alleviate pain and remove disease« (Fornander, I, S. 115). Auch hier fucht der Erklärer den begehrten cushitifch-arabifchen Zufammenhang (I, S. 117).

³) »Collating the different narratives thus preserved, I learn that the ancient Hawaiians at one time believed in and worshipped one god, comprising three beings, and respectively called Kane, Ku and Lono, equal in nature, but distinct in attributes; the first however being considered as the superior of the other two, a primus inter pares; that they formed a triad commonly referred to as Ku-kau-akahi, ‚Ku stands alone‘ or ‚the one established‘ and were worshipped jointly under the grand and mysterious name of Hika po loa, while an other ancient name was Oi-e, signifying ‚most excellent, supreme‘, sometimes used adjectively a Kane-oi-e. These gods existed from eternity, from and before chaos, or, as the Hawaiian term expresses it, ‚mai ka Pomai‘ — from the night to night, darkness, chaos. By an act of their will these gods dissipated or broke into pieces the existing, surrounding, all containing Po, night or

chaos by which act light entered into space. They then created the heavens — three in number — as a place for themselves to dwell in, and the earth to be their footstool, he keehina honua-a-Kane. Next they created the sun, moon, stars and a host of angels or spirits — i kini akua — to minister to them. Last of all they created man on the modell or in the likeness of Kane. The body of the first man was made of red earth — lepo ula or ala-ea — and the spittle of gods — wainao — and his head was made of a whitish clay — palolo — which was brought from the four ends of the world by Lono. When the earth, image of Kane, was ready, the three goods breathed into its nose and called on it to rise and it became a living being. Afterwards the first woman was created from one of the ribs — lalo puhaka — of the man while asleep, and these two were the progenitors of all mankind. They are called in the chants and in various legends by a large number of different names, but the most common for the man was Kumu-honua, and for the woman Ke Ola Ku honua« (Fornander, I, S. 61).

⁶) »'That the Marquesan Tanaoa and the Hawaiian Kanaloa embody the same original conception of evil, I consider pretty evident. With the Marquesans the idea is treated in the abstract. With them Tanaoa is the primary condition of darkness, chaos, confusion, elevated into a divinity battling with Atea, the god of light and order. With Hawaiian Kanaloa is the same idea in the concrete, a personified spirit of evil, the origin of death, the prince of Po, the Hawaiian chaos, and, yet a revolted, disobedient spirit, who was conquered and punished by Kane. . . . This Hawaiian myth of Kanaloa, as a fallen angel antagonistic to the great gods, and the spirit of evil and death in the world, hears a wonderful relation to the Chaldean myth of the seven spirits which rebelled against Anu, and spread consternation in heaven and destruction on earth, but very finally conquered by Bel, the son of Hea. The Hebrew legends are more vague and indefinite as to the existence of an evil principle. The serpent of Genesis, the Satan of Job, the Hilleh of Isaiah, the dragon of the Revelations —

all points however to the same underlying idea, that the first cause of sin, death, evil and calamities was to be found in disobediance and revolt from God. They appear as disconnected scenes of a once grand drama, that in olden times riveted the attention of mankind, and of which, strange to say, the clearest synopsis and the most coherent recollection are, so far, to the found in Polynesian traditions. It is probably vain to inquire with whom the legend of an evil spirit and this operations in heaven and on earth had its origin. Notwithstanding the apparent unity of design and remarkable coincidences in many points, yet the differences in detail, colouring and presentation are to great to suppose the legend borrowed by one from either of the others. It probably descended to the Chaldeans, Polynesians and Hebrews alike from some source or people anterior to themselves, of whom history now is silent« (Fornander, I, S. 84).

7) Vergl. die allgemeine Charakteriftik bei Moerenhout: »J'ajoute que les Océaniens croyaient Taaroa trop au-dessus des choses de ce monde pour qu'il daignât se mêler de son gouvernement, ou s'intéresser au sort des hommes, et comme ils n'attendaient de lui ni faveur, ni disgrâce, ni punition, ni récompense, ils ne lui dédiaient point de temples, ne lui consacraient point d'autels et peu entre eux lui rendaient un culte, quoique tous s'empressassent de célébrer à l'envi sa gloire, sa puissance et ses oeuvres« (I, S. 462).

8) »Il résulte aussi de la manière dont ils ont dépeint leur principal dieu, que celui-ci forme les deux grandes causes déjà mentionnées, l'une active, l'autre passive, ou l'âme et le corps, l'une spirituelle et cachée, l'autre matérielle et visible, en un mot, la matière et ce qui anime la matière, et de cette idée de coexistence de deux principes qui sont dieu, et dont se composent tous les objets qui constituent l'ensemble de l'univers, ils ont fait deux êtres distincts. L'un âme, vie, ou parti intelligente de la divinité, représenté sous le nom Taaroa, est mâle, l'autre purement matériel et constituant comme le corps du même dieu, femelle, désigné sous le nom de Hina; tous deux composant par leur union

tout ce qui existe dans l'univers.« Höchſt wahrſcheinlich
iſt Taaroa der Himmel, das active Princip im Gegenſatze
zum paſſiven weiblichen, »d'où résulterait en conclusion
générale, que la religion océanienne, ainsi qu'on a cru le
remarquer chez presque tous les peuples de la terre, n'était
autre que l'adoration des forces de la nature et surtout de
l'astre bienfaisant qui féconde et vivifie l'univers« (I, S. 563.)

⁹) Zwei Momente, ſagt Moerenhout, drängen ſich
unwillkürlich dem Forſcher auf: »La première (idée), c'est
l'ascendant universel que prennent ces mêmes habitudes sur
leur existence. Chez eux en effet toutes les actions de la
vie publique et de la vie privée, toutes les pensées, tous les
discours se rapportent à la religion, bien ou mal conçue,
chez eux, la divinité se montre incessamment dans tous leurs
travaux comme dans tous leurs plaisirs et préside indéfinement
à tout, sans que leurs moeurs en restent pour cela moins
étrangères aux lois de l'humanité et de la pudeur, singulière
anomalie, bien digne de l'attention des philosophes; car les
peuples océaniens sont peut-être les seuls qui en présentent
l'exemple. La seconde est cette monstrueuse alliance du
panthéisme le plus absurde et le plus grossier avec les
spiritualisme le plus délicat et le plus pur, alliance qui nous
offre en eux, presque simultanément, des êtres à peine dignes
du nom d'homme, par les froides atrocités dont nous les
voyons se rendre coupables, et les êtres les plus doux, comme
les plus hospitaliers etc.« (I, S. 417).

¹⁰) »The foregoing chant is extremely valuable as a relic
of Polynesian folklore. It is now impossible to determine
the age of its composition; but to judge from the ruggedness
of its diction, it must be of very high antiquity. It is an
allegory no doubt, but the consciousness of its being an
allegory had not yet faded from the mind of the composer,
nor perhaps from the people before whom it was chanted.
It points to a period of the human mind when the thoughts
of sages still lingered and laboured in the borderland
between material facts and metaphysical abstractions; when
Tanaoa was still half the real darkness of night, chaos and
half a deified impersonation of an evil principle, antagonistic
to the powers of light, when Atea was still half the actual

sun, springing forth from, succeeding to and dispelling the gloom and darkness of night and half the mere actual sound, the busy hum of a living, active, moving world, just awakening from the torpor and silence of night and half the deified impersonation of speech and intelligent communication, an evolution of and a companion to Atea, when Atanua was still the mere Dawn, the result of the apparent contest between Darkness and Light, encircling the neck of the sun, as well as the goddess wife of Atea. This chant must be at least as old as the period when the Vedic poets sang the praises of Indra and the chaumes of Ushas. It sounds like a lost hymn of the Vedas or perhaps of the pre-Vedic period. Its whole tenor, style and imagery are thouroughly Arian. Even here the conception of a triplicate Godhead occurs: perhaps the prototype of the Chaldean Anu, Bel, Hea as well as of the Indian Trimurti, and is but another version of the Hawaiian Kane, Ku, Lono« (I, S. 219).

[11]) Trotzdem Ellis als eifriger Proteſtant und gläubiger Chriſt der polyneſifchen Mythologie im Ganzen nicht ſehr gewogen iſt und namentlich den ſittlichen Charakter der oberſten Gottheiten wenig entwickelt findet, bezeichnet er doch das Verhältnifs der Alles umfchliefsenden und am Anfange der Dinge ſtehenden Urnacht zu den ſpäteren Göttern ganz zutreffend: »Taaroa, the Tanaro of the Hawaiians and the Tangaroa of the Western Isles, is generally spoken of by the Tahitians as the first principal god, uncreated, and existing from the beginning or from the time he emerged from the po or world of darkness. . . . Taaroa was the former and the father of the gods; Oro was his first son: but there were three classes or orders between Taaroa and Oro. As in the theogony of the ancients, a bird was a frequent emblem of deity, and in the body of a bird they supposed the god often approached the marae where it left the bird and entered the tor or image, through which it was supposed to communicate with the priest. The gods and men, the animals, the air, earth and sea, were by some supposed to originate in the procreative power of the gods. One of the legends of their origin and descent, furnished to some of the Missionaries, by whom it has been recorded,

staates, that Taaroa was born of Night or proceeded from Chaos and was not made by any other god. His consort also uncreated, proceeded from the po or night. Oro, the great national idol of Tahiti, Eimeo and some of the Leeward Islands, was the son of Taaroa and Ofeu feumaiterai. Oro took a goddess to wife, who became the mother of two sons. These four male and two female deities constitued the whole of their highest rank of divinities« (II, S. 190 ff.).

12) Vergl. Baſtian, Heil. Sage, S. 209 ff.; Infelgruppen in Oceanien, S. 232 ff., und die aus Grey mitgetheilte Erzählung in »Zur Kenntnifs Hawaiis«, S. 98 ff.

13) Eine abweichende Verſion berichtet Baſtian in folgender Weise: »Als Vorfahr der Eingeborenen auf Hawaii zeugte Kahiko (der Alte) mit Kupulanakahau den Sohn Wakea, der fich mit Papa, Tochter des Einwanderers Kukalanichu, vermählte, fich aber, aus Liebe zur erſtgeborenen Tochter, von ihr fchied (unter Einführung des Tabusfyſtemes). . . . Der auf Wakea und Papa (deren verkrüppeltes Kind als Taro gepflanzt wurde) folgende Sohn hiefs Haloa (Pflanzenſtengel)« (Oceanien, S. 233).

14) Fornander nimmt für Wakea einen specififchen gefchichtlichen Anknüpfungspunkt an, nämlich die Geſtalt eines mächtigen Häuptlings, deffen Reich zerſtört fei, fo dafs er zur Auswanderung gezwungen wurde; andererfeits glaubt er die Berichte über feinen Ehebruch in eine Zeit fpäterer Verderbnifs fetzen zu müffen: »Of the legends which treat of Wakea and his wife Papa, not much bearing the impress of ancient and original tradition had been preserved. What had been preserved, however, establishes the fact, that Waka was a chief one of the Molocca islands (Gilolo), previous to, perhaps contemporary with the great exodus of the Polynesian family from the Asiatic Archipelago. His reign seems to have been chequered by wars and reverses. Certain great changes in the social system of the people, the strengthening of the Kapus and the introduction of new ones, are vaguely ascribed to him. His life seems to have been troubled by rebellion at home and by foreign presure from without. The domestic relations between him and his wife Papa appear to have been very infortunate and

fom by far the greatest portion of the subject-matter of the legends referring to those personages. Wakea, however, seems not to have been without defenders of his good name. . . . The domestic scandal of Wakea's incest, on which later versions of the Wakea legends lay so much emphasis, appears therefore not to have been fully believed in more ancient times, and I feel justified in considering it as an unfounded gravamen of a character remembered only by succeeding generations for its oppressiveness and tyranny. I find no personal description in the legends of Wakea, but Papa is represented as a comely woman, very fair and almost white. She is said to have become crazy or distracted on account of her domestic troubles with her husband, who publicly divorced her, according to ancient custom by spitting in her face. She is represented as having lived so a very old age, and as having died in Waieri, a place in Tahiti. In after ages she was deified under the name o Haumea« (I, S. 204).

15) Zur Entflehung des Vulkanes und der Lava beim Wettkampfe der Göttin im Spiel Honoua mit dem Häuptling Kahavari, vergl. Rienzi, Océanie, II, S. 19 ff.

16) Uebrigens geht aus dem Schema, das Moerenhout aufflellt, zur Genüge hervor, dafs die Hawaiier auch neben den fchadenbringenden Gottheiten viele wohlthätige Mächte kannten, befonders die Hausgötter und -Genien, die im Gegenfatze zu der officiell feflgefetzten Verehrung einen privaten Cultus, die sogenannte Oromatonas, genoffen (Moerenhout, I, S. 456 ff.).

17) Ueber Oro, den gefürchteten göttlichen Stifter des mächtigen Bundes der Aréois, wird fpäter gehandelt werden.

18) Die Seelen heifsen geradezu »anklebende Begleiter des Körpers«, Hoapili o kekino (Baflian, Oceanien, S. 260).

19) Noch fpecieller ifl es die Thränendrüfe, die Luauhane (Seelenloch) heifst, da fie, wie Baflian fagt, von Gemüthsbewegungen ergriffen wird, wie das Weinen zeigt, indem von dort aus auch am leichteflen die Manao oder Gedanken im Kopfe regulirt werden können. Bei Erkrankung wird es der Uhane ungemüthlich im Körper, und wenn der-

felbe mehr und mehr im Innern zu faulen beginnt, fo dafs
fich kein reiner Aufenthaltsort mehr auffinden läfst, fo verläfst fie ihn, um fich nach Milu's Reich zu begeben. Auch
während des Schlafes wandert die Uhane manchmal fort
und fieht dann die im Traume erfcheinenden Vifionen, doch
läfst fie dann alle ihre Einrichtungen im Körper fo zurück,
als ob fie felbft da wäre, nicht länger ausbleibend, als wie
es ohne Schaden gefchehen kann. Bei einer dem Tode
zuneigenden Krankheit zieht fie dagegen mit Sack und Pack
aus, weil keine Rückkehr beabfichtigend. Sollte fich die im
Traume umherwandernde Uhane verirren, weil durch Akua-
lapu oder andere Gefpenfter gefchreckt, fo kann man ver-
fuchen, einen zuverläffigen Aumakua (Familiengeift) aus-
zufenden, um fie aufzufuchen und auf den richtigen Weg
wieder zu bringen (Oceanien, S. 272).

[20]) Aehnlich: »Die umherfchweifenden Geifter nicht
begrabener Todten erfcheinen als Kehuna oder Gefpenfter
und ftrafen mit Durchfall. Wenn durch folche jüngere Gottheiten Krankheiten verurfacht werden, vertreibt fie der
Priefter mit dem Schöpfungsgefange der älteren Götter. Die
Potiki (Kinderfeelen) bringen die gefährlichften Krankheiten. Indem die Ceremonie Rite (unter Singen und
Mattenziehen beim Begräbnifs) über ungeborene Kinder
nicht vollzogen werden kann, bleiben die Embryo-Seelen in
der Nähe der Anfiedelung und fchaden durch Krankheiten,
wenn nicht durch Effen der ihnen widerftrebenden Speifen
und Singen zum Reinga fortgetrieben« (Baftian, Oceanien,
S. 210).

[21]) Auch auf Scheintodte wurde diefe Anfchauung über-
tragen: »Wenn Scheintodte nach einigen Stunden oder
Tagen plötzlich wieder aufleben, ift die Uhane (Seele), von
Milu gefendet, wieder in den Körper zurückgekehrt«
(Baftian, Oceanien, S. 265).

[22]) Befonders für die höheren Rangftufen des Geheimbundes der Aréois ift das Paradies nach den Anfchauungen
der Tahitier, wie Ellis berichtet, mit allen erdenklichen
Reizen ausgeftattet, fo dafs es in der That ftark an die
Schilderung erinnert, welche Mohammed feinen Jüngern
entwarf: »It was supposed to be near a lofty and stupendous

mountain in Raiatea, situated in the vicinity of Hamanino harbour and called Temehani Unauna, splendid or glorious Temehani. It was, however, said to be invisible to mortal eyes, being in the reava or aerial regions. The country was described as most lovely and enchanting in appearence, adorned with flowers of every from and hue and perfumed with odours of every fragrance. The air was free from every noxious vapour, pure and most salubrious. Every species of enjoyment, to which the Aréois and other favoured classes had been accoustomed on earth, was to be participated stere. . . . These honours and gratifications were only for the privileged orders, the Aréois and the chiefs, who could afford to pay the priests for the passeport thither; the charges were to great, that the common people seldom or never thought of attempling to procure it for their relatives; besides it is probable that the high distinction kept up between the chiefs and people here would be expected to exist in a future state and to exclude every individual of the lower ranks from the society of his superiors. Those who had been kings or Aréois in this world, were the same there for eves. They were supposed to be employed in a succession of amusements and indulgences similar to those, to which they had been addicted on earth, often perpetrating the most unnatural crimes, which their tutelar gods were represented as sanctioning by their own example« (I, S. 327).

23) »The remarkable parallelism of the Hawaiian legend of Lua-Nuu with the Hebrew legend of Abraham and the institution of circumcision connected with each, doubtless indicate a common origin for both legends — a Cushite-Arabian origin, in a land, where circumcision was practised from remotest antiquity, as well as in Egypt. . . . Taken together with the numerous other instances of correlation of Polynesian and Cushite folklore, this custom and accompanying legend is but another argument for the long and intimate connection between the Cushite-Arabs and the Polynesian ancestors« (Fornander, I, S. 104).

24) »Dans l'origine du tabou il est à présumer que cette institution fut bornée d'abord à quelques objets du culte;

mais les prêtres sentirent bientôt tout le parti qu'ils pouvaient tirer d'un moyen aussi puissant sur des hommes ignorants et crédules; aussi l'institution dut-elle s'étendre rapidement, et les rois, s'associant à la perversité des ministres de leurs dieux, les protégèrent pour être protégés par eux. Ils nuirent donc; et là, comme dans un grand nombre de sociétés, prêtres et rois tirent un pact impie, pour tenir ce malheureux peuple sous le joug de l'ignorance, de la tyrannie et de la superstition« (Rienzi, II, S. 34).

25) Er fährt dann folgendermafsen fort: »But after this period the word Moi appears in the legends and Meles, indicating that the chief who bore that title, was by some constitutional and prescriptive right, acknowledged as the suzerain lord of his islands, the primus inter pares of the other chiefs of said island, to whom the latter owed a nominal, at least, if not always a real, allegiance and fealty. Nor were the territorial possessions and power of the acknowledged Moi always the source of this dignity, for the legends relate several instances where the wealth in lands and retainers of a Moi were inferior to some of the other chiefs, who nevertheless owed him allegiance and followed his banner. . . . Though the dignity of Moi was generally hereditary, yet several cases are recorded in the legends where the Moi was deposed from his office and dignity by the other chiefs of his island and another Moi elected by them. . . . Whatever disadvantages might arise under the government of a sovereign whose individual possessions and power were inadequate to give weight to his commands, or who had faited to secure the good-will and co-operation of the quasiindependent chiefs and feudatories of his island, yet on the whole the institution of a recognised political head and umpire between turbulent and contending chiefs was a great advantage, in so far as it tended to make a political unit of each island, and in a measure to chek the condition of anarchy into which the people was apparently had fallen, consequent upon this period of invasion, discruption and commingling of elements of rarying culture and conflicting pretensions. It enabled each island to combine its forces for purposes of defence, and it required a Moi of

more than common ability and force of character to induce his chiefs to join him in an aggressive war upon an other island« (II, S. 64 ff.).

[26]) Ellis giebt darüber einen längeren Bericht: »A number of singular ceremonies were on this account performed at the death of an Aréoi. The Olo-haa or general lamentation was continued for two or three days. During this time the body remained at the place of its decease, surrounded by the relatives and friends of the departed. It was then taken by the Aréois to the grand temple, where the bones of the kings were deposited. Soon after the body had been brought within the prencincts of the marne, the priest of Oro came and, standing over the corpse, offered a long prayer to his god. This prayer and the ceremonies connected there with, were designed to divest the body of all shered and mysterious influence the individual was supposed to have received from the god, when, in the presence of the idol, the perfumed oil had been sprinkled upon him, and he had been raised to the order or rank in which he died. By this act it was imagined they were all returned to Oro, by whom they had been originally imparted. The body was then buried as a body of a common man, within the precincts of the temple, in which the bodies of chiefs were interred« (I, S. 326).

[27]) Moerenhout bemerkt: »Ils y célébraient la création de l'univers, les merveilles de la nature, les grands événements et les exploits des dieux inférieurs et des héros. Ils récitaient les poèmes de Mani, de Hiro, chantaient leurs voyages, leurs combats, leurs victoires et ajoutaient à l'expression des paroles, par des gestes et par des mouvements aussi gracieux qu'animés. Ils avaient de plus des espèces de combats de gladiateurs, comme chez les anciens Grecs et Romains; aussi leurs fêtes, où le luxe des costumes, la pompe du cérémonial, la musique, les chants et le nombre des acteurs se réunissent pour inspirer la gaieté, l'enthousiasme et le délire, attiraient-elles le peuple en foule et l'on peut dire qu'ils étaient toujours, dans toutes les îles, l'âme des plaisirs et des festins« (II, S. 130).

Verlag von Friedrich Vieweg & Sohn in Braunschweig.

Globus.
Illustrierte Zeitschrift für Länder- und Völkerkunde.

Begründet von **Karl Andree**.
Herausgegeben von **Dr. Richard Andree**.
Vereinigt seit 1894 mit der Zeitschrift „**Das Ausland**".

Erschienen sind 66 Bände. — Im Erscheinen begriffen Band 67.
Band 1 bis 3 fehlt. Band 4 bis 24 kann noch zum Preise von 9 ℳ., Band 25 bis 66 zum Preise von 12 ℳ. pro Band bezogen werden. Monatlich erscheinen 4 Nummern. Jährlich zwei Bände. Subscriptionen nimmt jede Buchhandlung und Postanstalt entgegen.

(In der deutschen Zeitungs-Preisliste, 1895, unter Nr. 2759 aufgeführt.)

Archiv für Anthropologie.

Zeitschrift für Naturgeschichte und Urgeschichte des Menschen.

Organ der deutschen Gesellschaft für Anthropologie, Ethnologie und Urgeschichte.

Begründet von **A. Ecker** und **L. Lindenschmit**.

Unter Mitwirkung von A. Bastian in Berlin, O. Fraas in Stuttgart, W. His in Leipzig, H. v. Hölder in Stuttgart, J. Kollmann in Basel, N. Ruedinger in München, L. Rütimeyer in Basel, E. Schmidt in Leipzig, C. Semper in Würzburg, L. Stieda in Königsberg, R. Virchow in Berlin, C. Vogt in Genf, A. Voss in Berlin, W. Waldeyer in Berlin und H. Welcker in Halle,

herausgegeben und redigirt von

Johannes Ranke in München.

Mit Holzstichen und lithographirten Tafeln. 4. geh.

Erschienen sind:

I. bis XXII. Band incl. 2 Supplement-Bände. Preis zus. 1190 ℳ. 70 ₰.
XXIII. Band. 1. und 2. Heft. Preis 24 ℳ.

Handbuch der deutschen Alterthumskunde.

Uebersicht der Denkmale und Gräberfunde frühgeschichtlicher und vorgeschichtlicher Zeit.

Von **L. Lindenschmit**.

In drei Theilen. Royal-Octav. geh.

Erster Theil. Die Alterthümer der merovingischen Zeit. Mit zahlreichen Holzstichen. Preis 30 ℳ.

Verlag von Friedrich Vieweg & Sohn in Braunschweig.

Die Flutsagen.
Ethnographisch betrachtet von
Richard Andree.
Mit einer Tafel. 8. geh. Preis 2 ℳ. 25 ₰

Die Urzeit von Hellas und Italien
Ethnologische Forschungen von
Dr. Fligier.
gr. 4. geh. Preis 4 ℳ.

Studien zur vorgeschichtlichen Archäologie
Gesammelte Abhandlungen von
Christian Hostmann.
Mit einem Vorworte von Dr. L. Lindenschmit.
gr. 8. geh. Preis 7 ℳ.

Der Urnenfriedhof bei Darzau
in der Provinz Hannover.
Von **Christian Hostmann.**
Mit 11 Tafeln Abbildungen. gr. 4. geh. Preis 21 ℳ.

Ursprung und erste Entwickelung
der europäischen Bronzecultur
beleuchtet durch die ältesten Bronzefunde im südöstlichen Europa
von **Dr. Sophus Müller.**
Deutsche Ausgabe von **J. Mestorf.**
4. geh. Preis 2 ℳ. 50 ₰

Das Gräberfeld von Dahlhausen,
Kreis Ost-Prignitz, Provinz Brandenburg.
(Zeit der Völkerwanderungen.)
Von **Dr. M. Weigel**
in Berlin.
Mit 95 Abbildungen. gr. 4. geh. Preis 3 ℳ. 50 ₰

Verlag von Friedrich Vieweg & Sohn in Braunschweig.

Bildwerke aus altslavischer Zeit.
Von Dr. M. Weigel
in Berlin.
Mit 25 Abbildungen. gr. 4. geh. Preis 2 ℳ. 50 ₰

Beiträge
zur Anthropologie und Psychologie,
mit Anwendungen auf das Leben der Gesellschaft.
Von **Eduard Reich**,
Doctor der Medicin,
legalem Director und Vicepräsidenten der K. L.-C. Akademie,
auswärtigem Mitgliede der Französischen Gesellschaft der Hygieine zu Paris,
correspondirendem Mitgliede der Gesellschaft für öffentliche Medicin zu Paris,
der medicinisch-aetiologischen Gesellschaft zu Berlin, etc.
Zweite vermehrte Ausgabe. gr. 8. geh. Preis 6 ℳ.

Anthropologische Vorträge
von J. Henle.
gr. 8. geh.
Erstes Heft. Preis 2 ℳ. 40 ₰ — Zweites Heft. Mit Holzstichen.
Preis 2 ℳ. 40 ₰

Inhalt: Ueber die Grazie. — Glauben und Materialismus. — Naturgeschichte des Seufzers. — Physiologie des Affects. — Geschmack und Gewissen. — Von den Temperamenten. — Ueber den Geschmackssinn. — Vom Willen. — Teleologie und Darwinismus. — Ueber Physiognomik. — Der medicinische und der religiöse Dualismus.

Die Ruinen
oder Betrachtungen über die Revolutionen der Reiche und das natürliche Gesetz.
Von **Graf C. F. von Volney.**
Aus dem Französischen und mit einer Vorrede von
G. Forster.
Dreizehnte Auflage, vermehrt mit einem Vorwort über das Leben des Verfassers vom Grafen Daru, Pair von Frankreich.
Mit Kupfern. 8. geh. Preis 2 ℳ.

Ueber abnorme Behaarung des Menschen
insbesondere über die sogenannten Haarmenschen.
Gratulationsschrift, Herrn **Carl Theodor von Siebold** zur Feier seines 50 jährigen Doctorjubiläums am 22. April 1878 dargebracht von
Alexander Ecker,
Professor an der Universität Freiburg.
Mit Abbildungen. 4. geh. Preis 1 ℳ.

Verlag von Friedrich Vieweg & Sohn in Braunschweig.

Reden,

gehalten in wissenschaftlichen Versammlung
und kleinere Aufsätze vermischten Inhalts
von **Dr. Karl Ernst von Baer**,
weil. Ehrenmitglied der Kaiserlichen Akademie der Wissenschaften zu St. Petersburg.
Zweite Ausgabe. Drei Theile. gr. 8. geh. Preis 16 ℳ.

Einzel-Preise:

Erster Theil: **Reden.** Zweite Ausgabe. Mit dem Bildniss des V fassers in Stahlstich. Preis 4 ℳ. 50 ₰

Zweiter Theil: **Studien aus dem Gebiete der Naturwissenschaft** Zweite Ausgabe. Mit 22 Holzstichen. Preis 10 ℳ.

Dritter Theil: **Historische Fragen mit Hülfe der Naturwiss schaften beantwortet.** Zweite Ausgabe. Mit einem Kärtchen Kupferstich und 3 Holzstichen. Preis 9 ℳ.

H. Thomas Huxley's
in Amerika gehaltene
wissenschaftliche Vorträg
nebst einer Vorlesung über das Studium der Biologie.
Autorisirte deutsche Ausgabe von
Dr. J. W. Spengel.
Zweite unveränderte Auflage. Mit Holzstichen. gr. 8. geh. Preis 3

Zeugnisse
für die
Stellung des Menschen in der Natur

Drei Abhandlungen: Ueber die Naturgeschichte der menschenähnlic Affen. — Ueber die Beziehungen des Menschen zu den nächstniedere Thieren. — Ueber einige fossile menschliche Ueberreste.

Von **Thomas Henry Huxley.**
Aus dem Englischen übersetzt von **J. Victor Carus.**
Mit Holzstichen. gr. 8. geh. Preis 3 ℳ.

Einleitung
in das
Studium der Anthropologie und Civilisatic

Von **Dr. Edward B. Tylor,**
Mitglied der Royal Society.
Deutsche autorisirte Ausgabe von
G. Siebert,
Oberlehrer an der Realschule zu Wiesbaden.
Mit 78 in den Text eingedruckten Holzstichen. 8. geh. Preis 10 ℳ.

BL   Achelis, Thomas
2620   Über mythologie und
H3A3   cultus von Hawaii